T R A N Z L A T Y

Sprache ist für alle da

Jazyk je pro každého

Der Ruf der Wildnis

Volání divočiny

Jack London

Deutsch / Čeština

Ins Primitive
Do primitivu

Buck las keine Zeitungen
Buck nečetl noviny.
Hätte er die Zeitung gelesen, hätte er gewusst, dass Ärger im Anzug war.
Kdyby si přečetl noviny, věděl by, že se chystají problémy.
Nicht nur er selbst, sondern jeder einzelne Tidewater-Hund bekam Ärger.
Neměl s tím potíže jen on sám, ale všichni psi z přílivu a odlivu.
Jeder Hund mit starken Muskeln und warmem, langem Fell würde in Schwierigkeiten geraten.
Každý pes silný a svalnatý s teplou, dlouhou srstí bude mít problém.
Von Puget Bay bis San Diego konnte kein Hund dem entkommen, was auf ihn zukam.
Od Puget Bay po San Diego se žádný pes nemohl vyhnout tomu, co přicházelo.
Männer, die in der arktischen Dunkelheit herumtasteten, hatten ein gelbes Metall gefunden.
Muži, tápající v arktické temnotě, našli žlutý kov.
Dampfschiff- und Transportunternehmen waren auf der Jagd nach der Entdeckung.
Parníky a dopravní společnosti se o objev usilovně snažily.
Tausende von Männern strömten ins Nordland.
Tisíce mužů se řítily do Severní země.
Diese Männer wollten Hunde, und die Hunde, die sie wollten, waren schwere Hunde.
Tito muži chtěli psy a psi, které chtěli, byli těžkooděnci.
Hunde mit starken Muskeln, die sie zum Arbeiten brauchen.
Psi se silnými svaly, s nimiž se daří dřít.
Hunde mit Pelzmantel, der sie vor Frost schützt.
Psi s chlupatou srstí, která je chrání před mrazem.

Buck lebte in einem großen Haus im sonnenverwöhnten Santa Clara Valley.

Buck žil ve velkém domě v sluncem zalitém údolí Santa Clara.

Der Ort, an dem Richter Miller wohnte, wurde sein Haus genannt.

Říkalo se mu dům soudce Millera.

Sein Haus stand etwas abseits der Straße, halb zwischen den Bäumen versteckt.

Jeho dům stál vzadu od silnice, napůl skrytý mezi stromy.

Man konnte einen Blick auf die breite Veranda erhaschen, die rund um das Haus verläuft.

Bylo možné zahlédnout širokou verandu táhnoucí se kolem domu.

Die Zufahrt zum Haus erfolgte über geschotterte Zufahrten.

K domu se přibližovaly štěrkové příjezdové cesty.

Die Wege schlängelten sich durch weitläufige Rasenflächen.

Cesty se vinuly rozlehlými trávníky.

Über ihnen waren die ineinander verschlungenen Zweige hoher Pappeln.

Nad hlavou se proplétaly větve vysokých topolů.

Auf der Rückseite des Hauses ging es noch geräumiger zu.

V zadní části domu bylo ještě prostorněji.

Es gab große Ställe, in denen ein Dutzend Stallknechte plauderten

Byly tam velké stáje, kde si povídalo tucet čeledí

Es gab Reihen von weinbewachsenen Dienstbotenhäusern

Byly tam řady vinnou révou pokrytých služebnických domků

Und es gab eine endlose und ordentliche Reihe von Toilettenhäuschen

A byla tam nekonečná a uspořádaná řada hospodářských budov

Lange Weinlauben, grüne Weiden, Obstgärten und Beerenfelder.

Dlouhé vinice, zelené pastviny, sady a bobulové háje.

Dann gab es noch die Pumpanlage für den artesischen Brunnen.

Pak tu byla čerpací stanice pro artézský vrt.

Und da war der große Zementtank, der mit Wasser gefüllt war.

A tam byla velká cementová nádrž naplněná vodou.

Hier nahmen die Jungs von Richter Miller ihr morgendliches Bad.

Zde se chlapci soudce Millera ráno skočili do vody.

Und auch dort kühlten sie sich am heißen Nachmittag ab.

A také se tam v horkém odpoledni ochladili.

Und über dieses große Gebiet herrschte Buck über alles.

A nad touto velkou doménou vládl Buck.

Buck wurde auf diesem Land geboren und lebte hier sein ganzes vierjähriges Leben.

Buck se narodil na této zemi a žil zde všechny své čtyři roky.

Es gab zwar noch andere Hunde, aber die spielten keine wirkliche Rolle.

Sice tam byli i jiní psi, ale ti vlastně nebyli důležití.

An einem so riesigen Ort wie diesem wurden andere Hunde erwartet.

Na tak rozlehlém místě se očekávali i další psi.

Diese Hunde kamen und gingen oder lebten in den geschäftigen Zwingern.

Tito psi přicházeli a odcházeli, nebo žili v rušných kotcích.

Manche Hunde lebten versteckt im Haus, wie Toots und Ysabel.

Někteří psi žili schovaní v domě, jako například Toots a Ysabel.

Toots war ein japanischer Mops, Ysabel ein mexikanischer Nackthund.

Toots byl japonský mops, Ysabel mexická naháč.

Diese seltsamen Kreaturen verließen das Haus kaum.

Tito podivní tvorové jen zřídka vycházeli z domu.

Sie berührten weder den Boden noch schnüffelten sie draußen an der frischen Luft.

Nedotkli se země ani nečichali k čerstvému vzduchu venku.

Außerdem gab es Foxterrier, mindestens zwanzig an der Zahl.

Byli tam také foxteriéři, nejméně dvacet.

Diese Terrier bellten Toots und Ysabel im Haus wild an.
Tito teriéři uvnitř zuřivě štěkali na Tootse a Ysabel.

Toots und Ysabel blieben hinter Fenstern, in Sicherheit.
Toots a Ysabel zůstali za okny, v bezpečí před nebezpečím.

Sie wurden von Hausmädchen mit Besen und Wischmopps bewacht.
Hlídaly je služebné s košťaty a mopy.

Aber Buck war kein Haushund und auch kein Zwingerhund.
Ale Buck nebyl žádný domácí pes a nebyl ani pes do psí boudy.

Das gesamte Anwesen gehörte Buck als seinem rechtmäßigen Reich.
Celý majetek patřil Buckovi jako jeho právoplatná říše.

Buck schwamm im Becken oder ging mit den Söhnen des Richters auf die Jagd.
Buck plaval v nádrži nebo chodil lovit se soudcovými syny.

Er ging in den frühen oder späten Morgenstunden mit Mollie und Alice spazieren.
Chodil s Mollie a Alicí v časných i pozdních hodinách.

In kalten Nächten lag er mit dem Richter vor dem Kaminfeuer der Bibliothek.
Za chladných nocí ležel se soudcem u krbu v knihovně.

Buck ließ die Enkel des Richters auf seinem starken Rücken herumreiten.
Buck vozil soudcovy vnuky na svém silném hřbetě.

Er wälzte sich mit den Jungen im Gras und bewachte sie genau.
Válel se s chlapci v trávě a bedlivě je hlídal.

Sie wagten sich bis zum Brunnen und sogar an den Beerenfeldern vorbei.
Vydali se k fontáně a dokonce i kolem jahodových polí.

Unter den Foxterriern lief Buck immer mit königlichem Stolz.
Mezi foxteriéry se Buck vždycky procházel s královskou hrdostí.

Er ignorierte Toots und Ysabel und behandelte sie, als wären sie Luft.

Ignoroval Tootse a Ysabel a choval se k nim, jako by byli vzduch.

Buck herrschte über alle Lebewesen auf Richter Millers Land.

Buck vládl všem živým tvorům na pozemku soudce Millera.

Er herrschte über Tiere, Insekten, Vögel und sogar Menschen

Vládl nad zvířaty, hmyzem, ptáky a dokonce i lidmi.

Bucks Vater Elmo war ein großer und treuer Bernhardiner gewesen.

Buckův otec Elmo byl obrovský a věrný svatý Bernard.

Elmo wich dem Richter nie von der Seite und diente ihm treu.

Elmo nikdy neopustil soudcovu stranu a věrně mu sloužil.

Buck schien bereit, dem edlen Beispiel seines Vaters zu folgen.

Buck se zdál být připraven následovat ušlechtilý příklad svého otce.

Buck war nicht ganz so groß und wog hundertvierzig Pfund.

Buck nebyl tak velký, vážil sto čtyřicet liber.

Seine Mutter Shep war eine schöne schottische Schäferhündin gewesen.

Jeho matka, Shep, byla vynikající skotská ovčácká fena.

Aber selbst mit diesem Gewicht hatte Buck eine königliche Ausstrahlung.

Ale i s tou váhou Buck kráčel s královskou důstojností.

Dies kam vom guten Essen und dem Respekt, der ihm immer entgegengebracht wurde.

To pramenilo z dobrého jídla a respektu, kterého se mu vždy dostávalo.

Vier Jahre lang hatte Buck wie ein verwöhnter Adliger gelebt.

Čtyři roky žil Buck jako rozmazlený šlechtic.

Er war stolz auf sich und sogar ein wenig egoistisch.

Byl na sebe hrdý a dokonce i trochu egoistický.

Diese Art von Stolz war bei den Herren abgelegener Landstriche weit verbreitet.

Takový druh hrdosti byl u odlehlých venkovských pánů běžný.

Doch Buck hat es vermieden, ein verwöhnter Haushund zu werden.

Ale Buck se zachránil před tím, aby se z něj stal rozmazlený domácí pes.

Durch die Jagd und das Training blieb er schlank und stark.

Díky lovu a cvičení si udržel štíhlou a silnou postavu.

Er liebte Wasser zutiefst, wie Menschen, die in kalten Seen baden.

Hluboce miloval vodu, jako lidé, kteří se koupou ve studených jezerech.

Diese Liebe zum Wasser hielt Buck stark und sehr gesund.

Tato láska k vodě udržovala Bucka silného a velmi zdravého.

Dies war der Hund, zu dem Buck im Herbst 1897 geworden war.

To byl pes, kterým se Buck stal na podzim roku 1897.

Als der Klondike-Angriff die Menschen in den eisigen Norden trieb.

Když útok na Klondike stáhl muže na zamrzlý sever.

Menschen aus aller Welt strömten in das kalte Land.

Lidé z celého světa se hrnuli do chladné země.

Buck las jedoch weder die Zeitungen noch verstand er Nachrichten.

Buck však nečetl noviny ani nerozuměl zprávám.

Er wusste nicht, dass es nicht gut war, Zeit mit Manuel zu verbringen.

Nevěděl, že Manuel je špatný člověk.

Manuel, der im Garten half, hatte ein großes Problem.

Manuel, který pomáhal na zahradě, měl velký problém.

Manuel war spielsüchtig nach der chinesischen Lotterie.

Manuel byl závislý na hazardních hrách v čínské loterii.

Er glaubte auch fest an ein festes System zum Gewinnen.

Také silně věřil v pevný systém vítězství.

Dieser Glaube machte sein Scheitern sicher und unvermeidlich.

Tato víra činila jeho selhání jistým a nevyhnutelným.

Um ein System zu spielen, braucht man Geld, und das fehlte Manuel.

Hraní systémem vyžaduje peníze, které Manuel postrádal.

Sein Gehalt reichte kaum zum Überleben seiner Frau und seiner vielen Kinder.

Jeho plat sotva stačil na to, aby uživil svou ženu a mnoho dětí.

In der Nacht, in der Manuel Buck verriet, war alles normal.

V noci, kdy Manuel zradil Bucka, bylo všechno normální.

Der Richter war bei einem Treffen der Rosinenanbauervereinigung.

Soudce byl na schůzi Asociace pěstitelů rozinek.

Die Söhne des Richters waren damals damit beschäftigt, einen Sportverein zu gründen.

Soudcovi synové tehdy pilně zakládali atletický klub.

Niemand sah, wie Manuel und Buck durch den Obstgarten gingen.

Nikdo neviděl Manuela a Bucka odcházet sadem.

Buck dachte, dieser Spaziergang sei nur ein einfacher nächtlicher Spaziergang.

Buck si myslel, že tahle procházka je jen obyčejná noční procházka.

Sie trafen nur einen Mann an der Flaggenstation im College Park.

Na vlajkové stanici v College Parku potkali jen jednoho muže.

Dieser Mann sprach mit Manuel und sie tauschten Geld aus.

Ten muž promluvil s Manuelem a vyměnili si peníze.

„Verpacken Sie die Waren, bevor Sie sie ausliefern", schlug er vor

„Zabalte zboží, než ho doručíte," navrhl.

Die Stimme des Mannes war rau und ungeduldig, als er sprach.

Mužův hlas byl, když mluvil, drsný a netrpělivý.

Manuel band Buck vorsichtig ein dickes Seil um den Hals.

Manuel opatrně uvázal Buckovi kolem krku tlusté lano.

„Verdreh das Seil, und du wirst ihn gründlich erwürgen"
„Otoč to lano a pořádně ho uškrtíš."
Der Fremde gab ein Grunzen von sich und zeigte damit,
dass er gut verstanden hatte.
Cizinec zabručel, čímž ukázal, že dobře rozumí.
Buck nahm das Seil an diesem Tag mit ruhiger und stiller
Würde an.
Buck toho dne přijal lano s klidem a tichou důstojností.
Es war eine ungewöhnliche Tat, aber Buck vertraute den
Männern, die er kannte.
Byl to neobvyklý čin, ale Buck mužům, které znal, důvěřoval.
Er glaubte, dass ihre Weisheit weit über sein eigenes
Denken hinausging.
Věřil, že jejich moudrost daleko přesahuje jeho vlastní
myšlení.
Doch dann wurde das Seil in die Hände des Fremden
gegeben
Ale pak bylo lano podáno do rukou cizince.
Buck stieß ein leises, warnendes und zugleich bedrohliches
Knurren aus.
Buck tiše zavrčel, ale s tichou hrozbou.
Er war stolz und gebieterisch und wollte seinen Unmut zum
Ausdruck bringen.
Byl hrdý a panovačný a chtěl dát najevo svou nelibost.
Buck glaubte, seine Warnung würde als Befehl verstanden
werden.
Buck věřil, že jeho varování bude chápáno jako rozkaz.
Zu seinem Entsetzen zog sich das Seil schnell um seinen
dicken Hals zusammen.
K jeho úžasu se lano kolem jeho tlustého krku rychle utáhlo.
Ihm blieb die Luft weg und er begann in plötzlicher Wut zu
kämpfen.
Nedostával se mu dech a v náhlém vzteku se začal bránit.
Er sprang auf den Mann zu, der Buck schnell mitten in der
Luft traf.
Skočil na muže, který se ve vzduchu rychle setkal s Buckem.

Der Mann packte Buck am Hals und drehte ihn geschickt in der Luft.

Muž chytil Bucka za krk a dovedně s ním zkroutil ve vzduchu.

Buck wurde hart zu Boden geworfen und landete flach auf dem Rücken.

Buck byl tvrdě sražen k zemi a dopadl na záda.

Das Seil würgte ihn nun grausam, während er wild um sich trat.

Provaz ho teď krutě škrtil, zatímco divoce kopal.

Seine Zunge fiel heraus, seine Brust hob und senkte sich, doch er bekam keine Luft.

Vypadl mu jazyk, hruď se mu zvedla, ale nenadechl se.

Noch nie in seinem Leben war er mit solcher Gewalt behandelt worden.

V životě s ním nikdo nezacházel s takovým násilím.

Auch war er noch nie zuvor von solch tiefer Wut erfüllt gewesen.

Také ho nikdy předtím nezaplavil tak hluboký vztek.

Doch Bucks Kraft schwand und seine Augen wurden glasig.

Ale Buckova moc slábla a jeho oči se zakalily.

Er wurde ohnmächtig, als in der Nähe ein Zug angehalten wurde.

Omdlel právě ve chvíli, kdy poblíž zastavil vlak.

Dann warfen ihn die beiden Männer schnell in den Gepäckwagen.

Pak ho oba muži rychle hodili do zavazadlového vozu.

Das nächste, was Buck spürte, war ein Schmerz in seiner geschwollenen Zunge.

Další věc, kterou Buck ucítil, byla bolest v oteklém jazyku.

Er bewegte sich in einem wackelnden Wagen und war nur schwach bei Bewusstsein.

Pohyboval se v třesoucím se vozíku a byl jen matně při vědomí.

Das schrille Pfeifen eines Zuges verriet Buck seinen Standort.

Ostré zapískání vlakové píšťalky prozradilo Buckovi, kde se nachází.

Er war oft mit dem Richter mitgefahren und kannte das Gefühl.

Často jezdil se Soudcem a znal ten pocit.

Es war der einzigartige Schock, wieder in einem Gepäckwagen zu reisen.

Byl to zase ten jedinečný pocit cestování v zavazadlovém vagonu.

Buck öffnete die Augen und sein Blick brannte vor Wut.

Buck otevřel oči a jeho pohled hořel vzteky.

Dies war der Zorn eines stolzen Königs, der vom Thron gejagt wurde.

To byl hněv pyšného krále, sesazeného z trůnu.

Ein Mann wollte ihn packen, doch stattdessen schlug Buck zuerst zu.

Muž se natáhl, aby ho chytil, ale Buck ho místo toho udeřil první.

Er versenkte seine Zähne in der Hand des Mannes und hielt sie fest.

Zaryl muži zuby do ruky a pevně ji držel.

Er ließ nicht los, bis er ein zweites Mal ohnmächtig wurde.

Nepustil ho, dokud podruhé neztratil vědomí.

„Ja, hat Anfälle", murmelte der Mann dem Gepäckträger zu.

„Jo, má záchvaty," zamumlal muž zavazadlovému doručovateli.

Der Gepäckträger hatte den Kampf gehört und war näher gekommen.

Zavazadlový doručovatel zaslechl zápas a přiblížil se.

„Ich bringe ihn für den Chef nach Frisco", erklärte der Mann.

„Vezmu ho do San Francisca kvůli šéfovi," vysvětlil muž.

„Dort gibt es einen tollen Hundearzt, der sagt, er könne sie heilen."

„Je tam jeden skvělý psí doktor, který říká, že je dokáže vyléčit."

Später in der Nacht gab der Mann seinen eigenen ausführlichen Bericht ab.

Později té noci muž podal svou vlastní plnou zprávu.

Er sprach aus einem Schuppen hinter einem Saloon am
Hafen.

Mluvil z kůlny za saloonem na molu.

„Ich habe nur fünfzig Dollar bekommen", beschwerte er
sich beim Wirt.

„Dostal jsem jen padesát dolarů," stěžoval si majiteli saloonu.

„Ich würde es nicht noch einmal tun, nicht einmal für
tausend Dollar in bar."

„Už bych to neudělal, ani za tisícovku v hotovosti."

Seine rechte Hand war fest in ein blutiges Tuch gewickelt.

Pravou ruku měl pevně omotanou krvavou látkou.

Sein Hosenbein war vom Knie bis zum Fuß weit
aufgerissen.

Jeho nohavice byla roztrhaná od kolena až k patě.

„Wie viel hat der andere Trottel verdient?", fragte der Wirt.

„Kolik dostal ten druhý blbec?" zeptal se prodavač v saloonu.

„Hundert", antwortete der Mann, „einen Cent weniger
würde er nicht nehmen."

„Sto," odpověděl muž, „nevzal by ani o cent méně."

„Das macht hundertfünfzig", sagte der Kneipenmann.

„To je sto padesát," řekl prodavač v saloonu.

„Und er ist das alles wert, sonst bin ich nicht besser als ein
Dummkopf."

„A on za to všechno stojí, jinak nejsem o nic lepší než hlupák."

Der Mann öffnete die Verpackung, um seine Hand zu
untersuchen.

Muž otevřel obaly, aby si prohlédl ruku.

Die Hand war stark zerrissen und mit getrocknetem Blut
verkrustet.

Ruka byla těžce potrhaná a pokrytá zaschlou krví.

„Wenn ich keine Tollwut bekomme …", begann er zu sagen.

„Jestli nedostanu hydrofobii…" začal říkat.

„Das liegt wohl daran, dass du zum Hängen geboren
wurdest", ertönte ein Lachen.

„To bude tím, že ses narodil pro věšení," ozval se smích.

„Komm und hilf mir, bevor du gehst", wurde er gebeten.

„Pojď mi pomoct, než půjdeš," požádali ho.

Buck war von den Schmerzen in seiner Zunge und seinem Hals benommen.

Buck byl omámený bolestí v jazyku a krku.

Er war halb erwürgt und konnte kaum noch aufrecht stehen.

Byl napůl uškrcený a sotva se udržel na nohou.

Dennoch versuchte Buck, den Männern gegenüberzutreten, die ihm so viel Leid zugefügt hatten.

Buck se přesto snažil čelit mužům, kteří mu tolik ublížili.

Aber sie warfen ihn nieder und würgten ihn erneut.

Ale oni ho shodili na zem a znovu ho uškrtili.

Erst dann konnten sie sein schweres Messinghalsband absägen.

Teprve potom mu mohli uříznout těžký mosazný obojek.

Sie entfernten das Seil und stießen ihn in eine Kiste.

Sundali lano a strčili ho do bedny.

Die Kiste war klein und hatte die Form eines groben Eisenkäfigs.

Bedna byla malá a tvarem připomínala hrubou železnou klec.

Buck lag die ganze Nacht dort, voller Zorn und verletztem Stolz.

Buck tam ležel celou noc, plný hněvu a zraněné hrdosti.

Er konnte nicht einmal ansatzweise verstehen, was mit ihm geschah.

Nemohl ani začít chápat, co se s ním děje.

Warum hielten ihn diese fremden Männer in dieser kleinen Kiste fest?

Proč ho tihle podivní muži drželi v téhle malé kleci?

Was wollten sie von ihm und warum diese grausame Gefangenschaft?

Co s ním chtěli a proč toto kruté zajetí?

Er spürte einen dunklen Druck, das Gefühl, dass das Unglück näher rückte.

Cítil temný tlak; pocit blížící se katastrofy.

Es war eine vage Angst, die ihn jedoch schwer belastete.

Byl to neurčitý strach, ale těžce ho zasáhl.

Mehrmals sprang er auf, als die Schuppentür klapperte.

Několikrát vyskočil, když zarachotily dveře kůlny.

Er erwartete, dass der Richter oder die Jungen erscheinen und ihn retten würden.
Čekal, že se objeví soudce nebo chlapci a zachrání ho.
Doch jedes Mal lugte nur das dicke Gesicht des Wirts hinein.
Ale dovnitř pokaždé nakoukl jen tlustý obličej majitele saloonu.
Das Gesicht des Mannes wurde vom schwachen Schein einer Talgkerze erhellt.
Mužovu tvář osvětlovala slabá záře lojové svíčky.
Jedes Mal verwandelte sich Bucks freudiges Bellen in ein leises, wütendes Knurren.
Pokaždé se Buckovo radostné štěkání změnilo v tiché, rozzlobené vrčení.

Der Wirt ließ ihn für die Nacht allein in der Kiste zurück
Hostinský ho nechal na noc samotného v kleci
Aber als er am Morgen aufwachte, kamen noch mehr Männer.
Ale když se ráno probudil, přicházeli další muži.
Vier Männer kamen und hoben die Kiste vorsichtig und wortlos auf.
Přišli čtyři muži a beze slova opatrně zvedli bednu.
Buck wusste sofort, in welcher Situation er sich befand.
Buck si okamžitě uvědomil, v jaké situaci se nachází.
Sie waren weitere Peiniger, die er bekämpfen und fürchten musste.
Byli to další mučitelé, s nimiž musel bojovat a kterých se bát.
Diese Männer sahen böse, zerlumpt und sehr ungepflegt aus.
Tito muži vypadali zle, otrhaně a velmi špatně upraveně.
Buck knurrte und stürzte sich wild durch die Gitterstäbe auf sie.
Buck zavrčel a zuřivě se na ně vrhl skrz mříže.
Sie lachten nur und stießen mit langen Holzstöcken nach ihm.
Jen se smáli a píchali do něj dlouhými dřevěnými holemi.

Buck biss in die Stöcke, dann wurde ihm klar, dass es das war, was ihnen gefiel.

Buck se zakousl do klacíků a pak si uvědomil, že tohle mají rádi.

Also legte er sich ruhig hin, mürrisch und vor stiller Wut brennend.

Tak si tiše lehl, zachmuřený a hořící tichým vztekem.

Sie hoben die Kiste auf einen Wagen und fuhren mit ihm weg.

Naložili bednu do vozu a odvezli s ním pryč.

Die Kiste mit Buck darin wechselte oft den Besitzer.

Bedna s Buckem zamčeným uvnitř často měnila majitele.

Express-Büroangestellte übernahmen die Leitung und kümmerten sich kurz um ihn.

Úředníci expresní kanceláře se ujali řízení a krátce se s ním vypořádali.

Dann transportierte ein anderer Wagen Buck durch die laute Stadt.

Pak další vůz vezl Bucka přes hlučné město.

Ein Lastwagen brachte ihn mit Kisten und Paketen auf eine Fähre.

Nákladní auto ho s krabicemi a balíky odvezlo na trajekt.

Nach der Überquerung lud ihn der Lastwagen an einem Bahndepot ab.

Po překročení hranice ho nákladní vůz vyložil v železniční stanici.

Schließlich wurde Buck in einen wartenden Expresswagen gesetzt.

Konečně Bucka umístili do čekajícího rychlíku.

Zwei Tage und Nächte lang zogen Züge den Schnellzug ab.

Dva dny a noci vlaky odtahovaly rychlík.

Buck hat während der gesamten schmerzhaften Reise weder gegessen noch getrunken.

Buck během celé bolestivé cesty nejedl ani nepil.

Als die Expressboten versuchten, sich ihm zu nähern, knurrte er.

Když se k němu kurýři pokusili přiblížit, zavrčel.

Sie reagierten, indem sie ihn verspotteten und grausam hänselten.

Reagovali tím, že se mu posmívali a krutě si z něj utahovali.

Buck warf sich schäumend und zitternd gegen die Gitterstäbe

Buck se vrhl k mřížím, pěnil a třásl se

Sie lachten laut und verspotteten ihn wie Schulhofschläger.

hlasitě se smáli a posmívali se mu jako školní tyrani.

Sie bellten wie falsche Hunde und wedelten mit den Armen.

Štěkali jako falešní psi a mávali rukama.

Sie krähten sogar wie Hähne, nur um ihn noch mehr aufzuregen.

Dokonce kokrhali jako kohouti, jen aby ho ještě víc rozrušili.

Es war dummes Verhalten und Buck wusste, dass es lächerlich war.

Bylo to hloupé chování a Buck věděl, že je to absurdní.

Doch das verstärkte seine Empörung und Scham nur noch.

To ale jen prohloubilo jeho pocit rozhořčení a studu.

Der Hunger plagte ihn während der Reise kaum.

Během cesty ho hlad moc netrápil.

Doch der Durst brachte starke Schmerzen und unerträgliches Leiden mit sich.

Ale žízeň přinášela ostrou bolest a nesnesitelné utrpení.

Sein trockener, entzündeter Hals und seine Zunge brannten vor Hitze.

Suché, zanícené hrdlo a jazyk ho pálily horkem.

Dieser Schmerz schürte das Fieber, das in seinem stolzen Körper aufstieg.

Tato bolest živila horečku, která stoupala v jeho pyšném těle.

Buck war während dieses Prozesses für eine einzige Sache dankbar.

Buck byl během této zkoušky vděčný za jednu jedinou věc.

Das Seil um seinen dicken Hals war entfernt worden.

Provaz mu byl sundán z tlustého krku.

Das Seil hatte diesen Männern einen unfairen und grausamen Vorteil verschafft.

Lano poskytlo těm mužům nespravedlivou a krutou výhodu.

Jetzt war das Seil weg und Buck schwor, dass es nie wieder zurückkommen würde.

Teď bylo lano pryč a Buck přísahal, že se už nikdy nevrátí.

Er beschloss, sich nie wieder ein Seil um den Hals legen zu lassen.

Rozhodl se, že si už nikdy nebude moci uvázat žádné lano kolem krku.

Zwei lange Tage und Nächte litt er ohne Essen.

Dva dlouhé dny a noci trpěl bez jídla.

Und in diesen Stunden baute sich in ihm eine enorme Wut auf.

A v těch hodinách v sobě nashromáždil obrovský vztek.

Seine Augen wurden vor ständiger Wut blutunterlaufen und wild.

Oči měl podlité krví a divoké neustálým hněvem.

Er war nicht mehr Buck, sondern ein Dämon mit schnappenden Kiefern.

Už to nebyl Buck, ale démon s cvakajícími čelistmi.

Nicht einmal der Richter hätte dieses verrückte Wesen erkannt.

Ani Soudce by toho šíleného tvora nepoznal.

Die Expressboten atmeten erleichtert auf, als sie Seattle erreichten

Poslové si s úlevou povzdechli, když dorazili do Seattlu

Vier Männer hoben die Kiste hoch und brachten sie in einen Hinterhof.

Čtyři muži zvedli bednu a odnesli ji na dvůr.

Der Hof war klein und von hohen, massiven Mauern umgeben.

Dvůr byl malý, obehnaný vysokými a pevnými zdmi.

Ein großer Mann in einem ausgeleierten roten Pullover kam heraus.

Vyšel z něj velký muž v ochablém červeném svetru.

Mit dicker, kühner Handschrift unterschrieb er das Lieferbuch.

Podepsal dodací knihu tlustým a tučným písmem.

Buck spürte sofort, dass dieser Mann sein nächster Peiniger war.

Buck okamžitě vycítil, že tento muž je jeho dalším mučitelem.

Er stürzte sich heftig auf die Gitterstäbe, die Augen rot vor Wut.

Prudce se vrhl na mříže, oči zarudlé vzteky.

Der Mann lächelte nur finster und holte ein Beil.

Muž se jen temně usmál a šel si pro sekerku.

Er brachte auch eine Keule in seiner dicken und starken rechten Hand mit.

Také si přinesl kyj ve své silné a silné pravé ruce.

„Wollen Sie ihn jetzt rausholen?", fragte der Fahrer besorgt.

„Vy ho teď vezmete ven?" zeptal se řidič znepokojeně.

„Sicher", sagte der Mann und rammte das Beil als Hebel in die Kiste.

„Jasně," řekl muž a zapíchl sekerku do bedny jako páku.

Die vier Männer stoben sofort auseinander und sprangen auf die Hofmauer.

Čtyři muži se okamžitě rozprchli a vyskočili na zeď dvora.

Von ihren sicheren Plätzen oben warteten sie, um das Spektakel zu beobachten.

Ze svých bezpečných míst nahoře čekali, až budou moci sledovat podívanou.

Buck stürzte sich auf das zersplitterte Holz, biss und zitterte heftig.

Buck se vrhl na roztříštěné dřevo, kousal a prudce se třásl.

Jedes Mal, wenn die Axt den Käfig traf, war Buck da, um ihn anzugreifen.

Pokaždé, když sekera zasáhla klec, Buck tam byl, aby na ni zaútočil.

Er knurrte und schnappte vor wilder Wut und wollte unbedingt freigelassen werden.

Vrčel a štěkal divokým vztekem, dychtivý po osvobození.

Der Mann draußen war ruhig und gelassen und konzentrierte sich auf seine Aufgabe.

Muž venku byl klidný a vyrovnaný, soustředěný na svůj úkol.

„Also gut, du rotäugiger Teufel", sagte er, als das Loch groß war.

„Tak dobře, ty rudokoučký ďáble," řekl, když se díra zvětšila.

Er ließ das Beil fallen und nahm die Keule in die rechte Hand.

Odhodil sekerku a vzal kyj do pravé ruky.

Buck sah wirklich aus wie ein Teufel; seine Augen blutunterlaufen und lodernd.

Buck vypadal opravdu jako ďábel; oči podlité krví a planoucí.

Sein Fell sträubte sich, Schaum stand ihm vor dem Mund, seine Augen funkelten.

Srst se mu ježila, u úst se mu pěnila pěna a oči se mu leskly.

Er spannte seine Muskeln an und sprang direkt auf den roten Pullover zu.

Napjal svaly a vrhl se přímo na červený svetr.

Hundertvierzig Pfund Wut prasselten auf den ruhigen Mann zu.

Na klidného muže vystřelilo sto čtyřicet liber zuřivosti.

Kurz bevor er die Zähne zusammenbiss, traf ihn ein schrecklicher Schlag.

Těsně předtím, než se mu čelisti sevřely, ho zasáhla strašlivá rána.

Seine Zähne schnappten zusammen, nur Luft war im Spiel.

Jeho zuby cvakaly jen ve vzduchu

ein Schmerz durchfuhr seinen Körper

jeho tělem projela vlna bolesti

Er machte einen Überschlag in der Luft und stürzte auf dem Rücken und der Seite zu Boden.

Ve vzduchu se převrátil a zřítil se na záda a bok.

Er hatte noch nie zuvor einen Knüppelschlag gespürt und konnte ihn nicht begreifen.

Nikdy předtím necítil úder kyjem a nedokázal ho uchopit.

Mit einem kreischenden Knurren, das teils Bellen, teils Schreien war, sprang er erneut.

S pronikavým zavrčením, zčásti štěkotem, zčásti křikem, znovu skočil.

Ein weiterer brutaler Schlag traf ihn und schleuderte ihn zu Boden.

Další brutální úder ho zasáhl a srazil ho k zemi.

Diesmal verstand Buck – es war die schwere Keule des Mannes.

Tentokrát Buck pochopil – byl to mužův těžký kyj.

Doch die Wut machte ihn blind, und an einen Rückzug dachte er nicht.

Ale vztek ho oslepil a na ústup neměl ani pomyšlení.

Zwölfmal stürzte er sich in die Luft, und zwölfmal fiel er.

Dvanáctkrát se vrhl a dvanáctkrát spadl.

Der Holzknüppel traf ihn jedes Mal mit unbarmherziger, vernichtender Kraft.

Dřevěná kyj ho pokaždé rozdrtila nemilosrdnou, drtivou silou.

Nach einem heftigen Schlag kam er benommen und langsam wieder auf die Beine.

Po jedné prudké ráně se omámený a pomalý potácel na nohy.

Blut lief aus seinem Mund, seiner Nase und sogar seinen Ohren.

Krev mu tekla z úst, nosu a dokonce i z uší.

Sein einst so schönes Fell war mit blutigem Schaum verschmiert.

Jeho kdysi krásný kabát byl potřísněný krvavou pěnou.

Dann trat der Mann vor und versetzte ihm einen heftigen Schlag auf die Nase.

Pak muž přistoupil a zasadil mu ošklivou ránu do nosu.

Die Qualen waren schlimmer als alles, was Buck je gespürt hatte.

Bolest byla prudší než cokoli, co Buck kdy zažil.

Mit einem Brüllen, das eher an ein Tier als an einen Hund erinnerte, sprang er erneut zum Angriff.

S řevem, spíše zvířecím než psím, znovu skočil do útoku.

Doch der Mann packte seinen Unterkiefer und drehte ihn nach hinten.

Ale muž ho chytil za spodní čelist a zkroutil ji dozadu.

Buck überschlug sich kopfüber und stürzte erneut hart auf den Boden.

Buck se převrátil přes uši a znovu tvrdě dopadl.

Ein letztes Mal stürmte Buck auf ihn zu, jetzt konnte er kaum noch stehen.

Buck se na něj naposledy vrhl, sotva se udržel na nohou.

Der Mann schlug mit perfektem Timing zu und versetzte den letzten Schlag.

Muž udeřil s mistrem včas a zasadil poslední úder.

Buck brach bewusstlos und regungslos zusammen.

Buck se zhroutil na hromadu, v bezvědomí a bez hnutí.

„Er ist kein Stümper im Hundezähmen, das sage ich", rief ein Mann.

„V líčení psů není žádný frajer, to říkám já," zařval muž.

„Druther kann den Willen eines Hundes an jedem Tag der Woche brechen."

„Druther dokáže zlomit vůli psa kterýkoli den v týdnu."

„Und zweimal an einem Sonntag!", fügte der Fahrer hinzu.

„A dvakrát v neděli!" dodal řidič.

Er stieg in den Wagen und ließ die Zügel knacken, um loszufahren.

Vylezl do vozu a šťouchl otěžemi, aby odešel.

Buck erlangte langsam die Kontrolle über sein Bewusstsein zurück

Buck pomalu znovu nabýval kontroly nad svým vědomím.

aber sein Körper war noch zu schwach und gebrochen, um sich zu bewegen.

ale jeho tělo bylo stále příliš slabé a zlomené na to, aby se pohnul.

Er blieb liegen, wo er hingefallen war, und beobachtete den Mann im roten Pullover.

Ležel tam, kde padl, a pozoroval muže v červeném svetru.

„Er hört auf den Namen Buck", sagte der Mann und las laut vor.

„Reaguje na jméno Buck," řekl muž a četl nahlas.

Er zitierte aus der Notiz und den Einzelheiten, die mit Bucks Kiste geschickt wurden.

Citoval ze vzkazu zaslaného s Buckovou bednou a s podrobnostmi.

„Also, Buck, mein Junge", fuhr der Mann freundlich fort,

„No, Bucku, chlapče," pokračoval muž přátelským tónem,

„Wir hatten unseren kleinen Streit, und jetzt ist es zwischen uns vorbei."

„Měli jsme naši malou hádku a teď je mezi námi konec."

„Sie haben Ihren Platz kennengelernt und ich habe meinen kennengelernt", fügte er hinzu.

„Naučil ses, kde je tvé místo, a já jsem se naučil, kde je to moje," dodal.

„Sei brav, dann wird alles gut und das Leben wird angenehm sein."

„Buď hodný, všechno půjde dobře a život bude příjemný."

„Aber wenn du böse bist, schlage ich dir die Seele aus dem Leib, verstanden?"

„Ale buď zlý a já tě zmlátím, rozumíš?"

Während er sprach, streckte er die Hand aus und tätschelte Bucks schmerzenden Kopf.

Zatímco mluvil, natáhl ruku a poplácal Bucka po bolavé hlavě.

Bucks Haare stellten sich bei der Berührung des Mannes auf, aber er wehrte sich nicht.

Buckovi se při mužově dotyku zježily vlasy, ale nekladl odpor.

Der Mann brachte ihm Wasser, das Buck in großen Schlucken trank.

Muž mu přinesl vodu, kterou Buck pil velkými doušky.

Dann kam rohes Fleisch, das Buck Stück für Stück verschlang.

Pak přišlo syrové maso, které Buck hltal kus po kusu.

Er wusste, dass er geschlagen war, aber er wusste auch, dass er nicht gebrochen war.

Věděl, že je poražen, ale také věděl, že není zlomený.

Gegen einen mit einer Keule bewaffneten Mann hatte er keine Chance.

Proti muži ozbrojenému obuškem neměl šanci.

Er hatte die Wahrheit erfahren und diese Lektion nie vergessen.

Poznal pravdu a na tuto lekci nikdy nezapomněl.

Diese Waffe war der Beginn des Gesetzes in Bucks neuer Welt.

Tato zbraň byla počátkem práva v Buckově novém světě.

Es war der Beginn einer harten, primitiven Ordnung, die er nicht leugnen konnte.

Byl to začátek drsného, primitivního řádu, který nemohl popřít.

Er akzeptierte die Wahrheit; seine wilden Instinkte waren nun erwacht.

Přijal pravdu; jeho divoké instinkty se nyní probudily.

Die Welt war härter geworden, aber Buck stellte sich ihr tapfer.

Svět se stal drsnějším, ale Buck mu statečně čelil.

Er begegnete dem Leben mit neuer Vorsicht, List und stiller Stärke.

Životu se postavil s novou opatrností, lstí a tichou silou.

Weitere Hunde kamen an, an Seilen oder in Kisten festgebunden, so wie Buck.

Přijeli další psi, uvázaní v provazech nebo klecích, jako předtím Buck.

Einige Hunde kamen ruhig, andere tobten und kämpften wie wilde Tiere.

Někteří psi přicházeli klidně, jiní zuřili a prali se jako divoká zvířata.

Sie alle wurden der Herrschaft des Mannes im roten Pullover unterworfen.

Všichni byli podrobeni vládě muže v rudém svetru.

Jedes Mal sah Buck zu und sah, wie sich ihm die gleiche Lektion erschloss.

Buck pokaždé sledoval a viděl, jak se odvíjí totéž.

Der Mann mit der Keule war das Gesetz, ein Herr, dem man gehorchen musste.

Muž s kyjem byl zákon; pán, kterého je třeba poslouchat.

Er musste nicht gemocht werden, aber man musste ihm gehorchen.

Nepotřeboval být oblíbený, ale musel být poslouchán.

Buck schmeichelte oder wedelte nie mit dem Schwanz, wie es die schwächeren Hunde taten.

Buck se nikdy nepodlézal ani nevrátil jako slabší psi.

Er sah Hunde, die geschlagen wurden und trotzdem die Hand des Mannes leckten.

Viděl zbité psy a přesto olizovali muži ruku.

Er sah einen Hund, der überhaupt nicht gehorchte oder sich unterwarf.

Viděl jednoho psa, který vůbec neposlouchal ani se nepodřizoval.

Dieser Hund kämpfte, bis er im Kampf um die Kontrolle getötet wurde.

Ten pes bojoval, dokud nebyl zabit v bitvě o kontrolu.

Manchmal kamen Fremde, um den Mann im roten Pullover zu sehen.

Za mužem v červeném svetru občas chodili cizí lidé.

Sie sprachen in seltsamem Ton, flehten, feilschten und lachten.

Mluvili podivnými tóny, prosili, smlouvali a smáli se.

Als das Geld ausgetauscht wurde, gingen sie mit einem oder mehreren Hunden.

Když se vyměňovaly peníze, odcházeli s jedním nebo více psy.

Buck fragte sich, wohin diese Hunde gingen, denn keiner kam jemals zurück.

Buck se divil, kam se ti psi poděli, protože se žádný z nich už nikdy nevrátil.

Angst vor dem Unbekannten erfüllte Buck jedes Mal, wenn ein fremder Mann kam

Strach z neznáma naplňoval Bucka pokaždé, když přišel cizí muž

Er war jedes Mal froh, wenn ein anderer Hund mitgenommen wurde und nicht er selbst.

Pokaždé byl rád, když si vzali dalšího psa, ne jeho samotného.

Doch schließlich kam Buck an die Reihe, als ein fremder Mann eintraf.

Ale konečně přišla řada na Bucka s příchodem podivného muže.

Er war klein, drahtig und sprach gebrochenes Englisch und fluchte.

Byl malý, šlachovitý a mluvil lámanou angličtinou a nadával.

„Heilig!", schrie er, als er Bucks Gestalt erblickte.

„Sacredam!" vykřikl, když spatřil Buckovu postavu.

„Das ist aber ein verdammter Rüpel! Wie viel?", fragte er laut.

„To je ale zatracenej tyran! Cože? Kolik to stojí?" zeptal se nahlas.

„Dreihundert, und für diesen Preis ist er ein Geschenk."

„Tři sta, a za tu cenu je to dárek."

„Da es sich um staatliche Gelder handelt, sollten Sie sich nicht beschweren, Perrault."

„Jelikož jsou to vládní peníze, neměl byste si stěžovat, Perraulte."

Perrault grinste über den Deal, den er gerade mit dem Mann gemacht hatte.

Perrault se ušklíbl nad dohodou, kterou s tím mužem právě uzavřel.

Aufgrund der plötzlichen Nachfrage waren die Preise für Hunde in die Höhe geschossen.

Cena psů prudce vzrostla kvůli náhlé poptávce.

Dreihundert Dollar waren für so ein tolles Tier nicht unfair.

Tři sta dolarů nebylo nefér za tak skvělé zvíře.

Die kanadische Regierung würde bei dem Abkommen nichts verlieren

Kanadská vláda by na dohodě nic neztratila

Auch ihre offiziellen Depeschen würden während des Transports nicht verzögert.

Ani jejich oficiální zásilky by se nezpozdily během přepravy.

Perrault kannte sich gut mit Hunden aus und erkannte, dass Buck etwas Seltenes war.

Perrault znal psy dobře a viděl, že Buck je něco vzácného.

„Einer von zehntausend", dachte er, als er Bucks Körperbau betrachtete.

„Jeden z deseti deseti tisíc," pomyslel si, když si prohlížel Buckovu postavu.

Buck sah, wie das Geld den Besitzer wechselte, zeigte sich jedoch nicht überrascht.

Buck viděl, jak peníze mění majitele, ale nedal najevo žádné překvapení.

Bald wurden er und Curly, ein sanfter Neufundländer, weggeführt.

Brzy byli on a Kudrnatý, mírný novofundlanďan, odvedeni pryč.

Sie folgten dem kleinen Mann aus dem Hof des roten Pullovers.

Sledovali malého mužíčka ze dvora rudého svetru.

Das war das letzte Mal, dass Buck den Mann mit der Holzkeule sah.

To bylo naposledy, co Buck viděl muže s dřevěnou palicí.

Vom Deck der Narwhal aus beobachtete er, wie Seattle in der Ferne verschwand.

Z paluby Narvala sledoval, jak Seattle mizí v dálce.

Es war auch das letzte Mal, dass er das warme Südland sah.

Bylo to také naposledy, co kdy viděl teplý Jih.

Perrault brachte sie unter Deck und ließ sie bei François zurück.

Perrault je vzal do podpalubí a nechal je s Françoisem.

François war ein Riese mit schwarzem Gesicht und rauen, schwieligen Händen.

François byl obr s černou tváří a drsnýma, mozolnatýma rukama.

Er war dunkelhäutig und hatte eine dunkle Hautfarbe, ein französisch-kanadischer Mischling.

Byl tmavý a snědý; míšenec Francouzsko-kanaďanského původu.

Für Buck waren diese Männer von einer Art, die er noch nie zuvor gesehen hatte.

Buckovi připadali tito muži jako muži, jaké ještě nikdy předtím neviděl.

Er würde in den kommenden Tagen viele solcher Männer kennenlernen.

V nadcházejících dnech se s mnoha takovými muži setká.

Er konnte sie zwar nicht lieb gewinnen, aber er begann, sie zu respektieren.

Nezískal k nim sice náklonnost, ale začal si jich vážit.

Sie waren fair und weise und ließen sich von keinem Hund so leicht täuschen.

Byli spravedliví a moudří a žádný pes je nenechal snadno oklamat.

Sie beurteilten Hunde ruhig und bestraften sie nur, wenn es angebracht war.

Psy posuzovali klidně a trestali jen tehdy, když si to zasloužili.

Im Unterdeck der Narwhal trafen Buck und Curly zwei Hunde.

V podpalubí Narvala potkali Buck a Kudrnatý dva psy.

Einer war ein großer weißer Hund aus dem fernen, eisigen Spitzbergen.

Jeden byl velký bílý pes z dalekých, ledových Špicberk.

Er war einmal mit einem Walfänger gesegelt und hatte sich einer Erkundungsgruppe angeschlossen.

Kdysi se plavil s velrybářskou lodí a připojil se k průzkumné skupině.

Er war auf eine schlaue, hinterhältige und listige Art freundlich.

Byl přátelský, lstivým, zákeřným a lstivým způsobem.

Bei ihrer ersten Mahlzeit stahl er ein Stück Fleisch aus Bucks Pfanne.

Při jejich prvním jídle ukradl Buckovi z pánve kus masa.

Buck sprang, um ihn zu bestrafen, aber François' Peitsche schlug zuerst zu.

Buck skočil, aby ho potrestal, ale Françoisův bič udeřil první.

Der weiße Dieb schrie auf und Buck holte sich den gestohlenen Knochen zurück.

Bílý zloděj vykřikl a Buck si vzal zpět ukradenou kost.

Diese Fairness beeindruckte Buck und François verdiente sich seinen Respekt.
Tato spravedlivost na Bucka zapůsobila a François si jeho respekt vysloužil.
Der andere Hund grüßte nicht und wollte auch nichts zurück.
Druhý pes nepozdravil a ani ho na oplátku nechtěl.
Er stahl weder Essen noch beschnüffelte er die Neuankömmlinge interessiert.
Nekradl jídlo ani se zájmem nečichal k nově příchozím.
Dieser Hund war grimmig und ruhig, düster und bewegte sich langsam.
Tento pes byl zachmuřený a tichý, pochmurný a pomalu se pohybující.
Er warnte Curly, sich fernzuhalten, indem er sie einfach anstarrte.
Varoval Kudrnatý, aby se držela dál, tím, že se na ni zamračil.
Seine Botschaft war klar: Lass mich in Ruhe, sonst gibt es Ärger.
Jeho poselství bylo jasné: nechte mě být, nebo budou problémy.
Er hieß Dave und nahm seine Umgebung kaum wahr.
Jmenoval se Dave a sotva si všímal svého okolí.
Er schlief oft, aß ruhig und gähnte ab und zu.
Často spal, tiše jedl a občas zívl.

Das Schiff summte ständig, während unten der Propeller schlug.
Loď neustále hučela a dole ji tloukla vrtule.
Die Tage vergingen, ohne dass sich viel änderte, aber das Wetter wurde kälter.
Dny plynuly s malými změnami, ale počasí se ochladilo.
Buck spürte es in seinen Knochen und bemerkte, dass es den anderen genauso ging.
Buck to cítil až v kostech a všiml si, že i ostatní.
Dann blieb eines Morgens der Propeller stehen und alles war still.

Pak se jednoho rána vrtule zastavila a všechno utichlo.

Eine Energie durchströmte das Schiff; etwas hatte sich verändert.

Lodí projela energie; něco se změnilo.

François kam herunter, legte ihnen die Leinen an und brachte sie hoch.

François sestoupil dolů, připnul je na vodítka a vyvedl je nahoru.

Buck stieg aus und fand den Boden weich, weiß und kalt.

Buck vyšel ven a zjistil, že země je měkká, bílá a studená.

Er sprang erschrocken zurück und schnaubte völlig verwirrt.

Vyděšeně uskočil a zmateně si odfrkl.

Seltsames weißes Zeug fiel vom grauen Himmel.

Z šedé oblohy padala podivná bílá hmota.

Er schüttelte sich, aber die weißen Flocken landeten immer wieder auf ihm.

Zatřásl se, ale bílé vločky na něj stále dopadaly.

Er roch vorsichtig an dem weißen Zeug und leckte an ein paar eisigen Stückchen.

Opatrně si přičichl k bílé hmotě a olízl pár ledových kousků.

Das Pulver brannte wie Feuer und verschwand dann einfach von seiner Zunge.

Prášek pálil jako oheň a pak mu z jazyka zmizel.

Buck versuchte es noch einmal und war verwirrt über die seltsame, verschwindende Kälte.

Buck to zkusil znovu, zmatený podivným mizejícím chladem.

Die Männer um ihn herum lachten und Buck war verlegen.

Muži kolem něj se zasmáli a Buck se cítil trapně.

Er wusste nicht warum, aber er schämte sich für seine Reaktion.

Nevěděl proč, ale styděl se za svou reakci.

Es war seine erste Erfahrung mit Schnee und es verwirrte ihn.

Byla to jeho první zkušenost se sněhem a to ho zmátlo.

Das Gesetz von Keule und Fang
Zákon kyje a tesáku

Bucks erster Tag am Strand von Dyea fühlte sich wie ein schrecklicher Albtraum an.
Buckův první den na pláži Dyea se zdál jako hrozná noční můra.
Jede Stunde brachte neue Schocks und unerwartete Veränderungen für Buck.
Každá hodina přinášela Buckovi nové šoky a nečekané změny.
Er war aus der Zivilisation gerissen und ins wilde Chaos gestürzt worden.
Byl vytržen z civilizace a vržen do divokého chaosu.
Dies war kein sonniges, faules Leben mit Langeweile und Ruhe.
Tohle nebyl žádný slunečný, lenivý život plný nudy a odpočinku.
Es gab keinen Frieden, keine Ruhe und keinen Moment ohne Gefahr.
Nebyl žádný klid, žádný odpočinek a žádná chvíle bez nebezpečí.
Überall herrschte Verwirrung und die Gefahr war immer in der Nähe.
Všemu vládl zmatek a nebezpečí bylo neustále nablízku.
Buck musste wachsam bleiben, denn diese Männer und Hunde waren anders.
Buck musel zůstat ve střehu, protože tihle muži a psi byli jiní.
Sie kamen nicht aus der Stadt, sie waren wild und gnadenlos.
Nebyli z měst; byli divocí a nemilosrdní.
Diese Männer und Hunde kannten nur das Gesetz der Keule und der Reißzähne.
Tito muži a psi znali jen zákon kyje a tesáku.
Buck hatte noch nie Hunde so kämpfen sehen wie diese wilden Huskys.
Buck nikdy neviděl psy prát se tak divokými husky.

Seine erste Erfahrung lehrte ihn eine Lektion, die er nie vergessen würde.

Jeho první zkušenost mu dala lekci, na kterou nikdy nezapomene.

Er hatte Glück, dass er es nicht war, sonst wäre auch er gestorben.

Měl štěstí, že to nebyl on, jinak by taky zemřel.

Curly war derjenige, der litt, während Buck zusah und lernte.

Kudrnatý byl ten, kdo trpěl, zatímco Buck se díval a učil.

Sie hatten ihr Lager in der Nähe eines aus Baumstämmen gebauten Ladens aufgeschlagen.

Utábořili se poblíž skladu postaveného z klád.

Curly versuchte, einem großen, wolfsähnlichen Husky gegenüber freundlich zu sein.

Kudrnatý se snažil být přátelský k velkému, vlkovi podobnému huskymu.

Der Husky war kleiner als Curly, sah aber wild und böse aus.

Husky byl menší než Kudrnatý, ale vypadal divoce a zle.

Ohne Vorwarnung sprang er auf und schlug ihr ins Gesicht.

Bez varování skočil a rozřízl jí obličej.

Seine Zähne schnitten in einer Bewegung von ihrem Auge bis zu ihrem Kiefer.

Jeho zuby jí jedním pohybem prořízly od oka až k čelisti.

So kämpften Wölfe: Sie schlugen schnell zu und sprangen weg.

Takhle vlci bojovali – rychle udeřili a odskočili.

Aber es gab mehr zu lernen als nur diesen einen Angriff.

Ale z toho jednoho útoku se dalo poučit víc.

Dutzende Huskys stürmten herein und bildeten einen stillen Kreis.

Desítky huskyů se vřítily dovnitř a vytvořily tichý kruh.

Sie schauten aufmerksam zu und leckten sich hungrig die Lippen.

Pozorně se dívali a hladem si olizovali rty.

Buck verstand weder ihr Schweigen noch ihre begierigen Blicke.

Buck nechápal jejich mlčení ani jejich dychtivé oči.

Curly stürzte sich ein zweites Mal auf den Husky, um ihn anzugreifen.

Kudrnatý se vrhl na huskyho podruhé, aby ho napadl.

Mit einer kräftigen Bewegung seiner Brust warf er sie um.

Silným pohybem hrudníku ji srazil k zemi.

Sie fiel auf die Seite und konnte nicht wieder aufstehen.

Spadla na bok a nemohla se znovu zvednout.

Darauf hatten die anderen die ganze Zeit gewartet.

Na to ostatní celou dobu čekali.

Die Huskies sprangen sie an und jaulten und knurrten wie wild.

Huskyové na ni skočili, štěkali a vrčeli v zuřivosti.

Sie schrie, als sie unter einem Haufen Hunde begruben.

Křičela, když ji pohřbili pod hromadou psů.

Der Angriff erfolgte so schnell, dass Buck vor Schreck erstarrte.

Útok byl tak rychlý, že Buck šokem ztuhl na místě.

Er sah, wie Spitz die Zunge herausstreckte, als würde er lachen.

Viděl, jak Spitz vyplazuje jazyk způsobem, který vypadal jako smích.

François schnappte sich eine Axt und rannte direkt in die Hundegruppe hinein.

François popadl sekeru a vběhl přímo do skupiny psů.

Drei weitere Männer halfen mit Knüppeln, die Huskies zu vertreiben.

Tři další muži používali obušky, aby odháněli huskyje.

In nur zwei Minuten war der Kampf vorbei und die Hunde waren verschwunden.

Za pouhé dvě minuty byl boj u konce a psi byli pryč.

Curly lag tot im roten, zertrampelten Schnee, ihr Körper war zerfetzt.

Kudrnatý ležela mrtvá v červeném, ušlapaném sněhu, tělo roztrhané na kusy.

Ein dunkelhäutiger Mann stand über ihr und verfluchte die brutale Szene.

Nad ní stál tmavovlasý muž a proklínal tu brutální scénu.

Die Erinnerung blieb bei Buck und verfolgte ihn nachts in seinen Träumen.

Vzpomínka Bucka zůstala v paměti a v noci ho pronásledovala ve snech.

So war es hier: keine Fairness, keine zweite Chance.

Tak to tady platilo; žádná spravedlnost, žádná druhá šance.

Sobald ein Hund fiel, töteten die anderen ihn gnadenlos.

Jakmile pes spadl, ostatní ho bez milosti zabili.

Buck beschloss damals, dass er niemals zulassen würde, dass er fällt.

Buck se tehdy rozhodl, že si nikdy nedovolí spadnout.

Spitz streckte erneut die Zunge heraus und lachte über das Blut.

Spitz znovu vyplazil jazyk a zasmál se krvi.

Von diesem Moment an hasste Buck Spitz aus vollem Herzen.

Od té chvíle Buck Spitze nenáviděl celým svým srdcem.

Bevor Buck sich von Curlys Tod erholen konnte, passierte etwas Neues.

Než se Buck stačil vzpamatovat z Kudrnatýho smrti, stalo se něco nového.

François kam herüber und schnallte etwas um Bucks Körper.

François přišel a něco Buckovi přivázal kolem těla.

Es war ein Geschirr wie das, das auf der Ranch für Pferde verwendet wurde.

Byl to postroj, jaký se používá na koních na ranči.

Buck hatte gesehen, wie Pferde arbeiteten, und nun musste auch er arbeiten.

Stejně jako Buck viděl koně pracovat, teď musel pracovat i on.

Er musste François auf einem Schlitten in den nahegelegenen Wald ziehen.

Musel Françoise odtáhnout na saních do nedalekého lesa.

Anschließend musste er eine Ladung schweres Brennholz zurückziehen.

Pak musel odtáhnout náklad těžkého palného dřeva.

Buck war stolz und deshalb tat es ihm weh, wie ein Arbeitstier behandelt zu werden.

Buck byl pyšný, takže ho bolelo, když se s ním zacházelo jako s pracovním zvířetem.

Aber er war klug und versuchte nicht, gegen die neue Situation anzukämpfen.

Ale byl moudrý a nesnažil se s novou situací bojovat.

Er akzeptierte sein neues Leben und gab bei jeder Aufgabe sein Bestes.

Přijal svůj nový život a v každém úkolu vydal ze sebe maximum.

Alles an der Arbeit war ihm fremd und ungewohnt.

Všechno na té práci mu bylo zvláštní a neznámé.

François war streng und verlangte unverzüglichen Gehorsam.

François byl přísný a vyžadoval poslušnost bez prodlení.

Seine Peitsche sorgte dafür, dass jeder Befehl sofort befolgt wurde.

Jeho bič zajistil, aby byl každý povel splněn najednou.

Dave war der Schlittenführer, der Hund, der dem Schlitten hinter Buck am nächsten war.

Dave byl ten, kdo jezdil po saních, pes byl nejblíže za Buckem.

Dave biss Buck in die Hinterbeine, wenn er einen Fehler machte.

Dave kousl Bucka do zadních nohou, když udělal chybu.

Spitz war der Leithund und in dieser Rolle geschickt und erfahren.

Špic byl vedoucím psem, v této roli zručný a zkušený.

Spitz konnte Buck nicht leicht erreichen, korrigierte ihn aber trotzdem.

Spitz se k Buckovi nemohl snadno dostat, ale přesto ho opravil.

Er knurrte barsch oder zog den Schlitten auf eine Art, die Buck etwas beibrachte.

Drsně vrčel nebo táhl saně způsobem, který Bucka učil.

Durch dieses Training lernte Buck schneller, als alle erwartet hatten.

Díky tomuto výcviku se Buck učil rychleji, než kdokoli z nich očekával.

Er hat hart gearbeitet und sowohl von François als auch von den anderen Hunden gelernt.

Tvrdě pracoval a učil se jak od Françoise, tak od ostatních psů.

Als sie zurückkamen, kannte Buck die wichtigsten Befehle bereits.

Než se vrátili, Buck už znal klíčové povely.

Von François hat er gelernt, beim Laut „ho" anzuhalten.

Naučil se zastavit při zvuku „hó" od Françoise.

Er lernte, wann er den Schlitten ziehen und rennen musste.

Naučil se, kdy musí táhnout sáně a běžet.

Er lernte, in den Kurven des Weges ohne Probleme weit abzubiegen.

Naučil se bez problémů zatáčet v zatáčkách.

Er lernte auch, Dave auszuweichen, wenn der Schlitten schnell bergab fuhr.

Také se naučil vyhýbat Daveovi, když sáně jely rychle z kopce.

„Das sind sehr gute Hunde", sagte François stolz zu Perrault.

„Jsou to moc dobří psi," řekl François hrdě Perraultovi.

„Dieser Buck zieht wie der Teufel – ich bringe ihm das so schnell bei, wie ich nur kann."

„Ten Buck táhne jako čert – učím ho to nejrychleji."

Später am Tag kam Perrault mit zwei weiteren Huskys zurück.

Později téhož dne se Perrault vrátil s dalšími dvěma husky.

Ihre Namen waren Billee und Joe und sie waren Brüder.

Jmenovali se Billee a Joe a byli to bratři.

Sie stammten von derselben Mutter, waren sich aber überhaupt nicht ähnlich.

Pocházeli od stejné matky, ale vůbec si nebyli podobní.

Billee war gutmütig und zu allen sehr freundlich.

Billee byla dobrosrdečná a ke všem až příliš přátelská.

Joe war das Gegenteil – ruhig, wütend und immer am Knurren.

Joe byl pravý opak – tichý, rozzlobený a neustále vrčící.

Buck begrüßte sie freundlich und blieb beiden gegenüber ruhig.

Buck je přátelsky pozdravil a choval se k oběma klidně.

Dave schenkte ihnen keine Beachtung und blieb wie üblich still.

Dave si jich nevšímal a jako obvykle mlčel.

Um seine Dominanz zu demonstrieren, griff Spitz zuerst Billee und dann Joe an.

Spitz zaútočil nejprve na Billeeho a poté na Joea, aby ukázal svou dominanci.

Billee wedelte mit dem Schwanz und versuchte, freundlich zu Spitz zu sein.

Billee vrtěl ocasem a snažil se být ke Spitzovi přátelský.

Als das nicht funktionierte, versuchte er stattdessen wegzulaufen.

Když to nezabralo, zkusil raději utéct.

Er weinte traurig, als Spitz ihn fest in die Seite biss.

Smutně se rozplakal, když ho Spitz silně kousl do boku.

Aber Joe war ganz anders und ließ sich nicht einschüchtern.

Ale Joe byl úplně jiný a odmítl se nechat šikanovat.

Jedes Mal, wenn Spitz näher kam, drehte sich Joe schnell um, um ihm in die Augen zu sehen.

Pokaždé, když se Spitz přiblížil, Joe se k němu rychle otočil čelem.

Sein Fell sträubte sich, seine Lippen kräuselten sich und seine Zähne schnappten wild.

Srst se mu ježila, rty se mu zkřivily a zuby divoce cvakaly.

Joes Augen glänzten vor Angst und Wut und forderten Spitz heraus, zuzuschlagen.

Joeovy oči se leskly strachem a vztekem a vyzývaly Spitze k úderu.

Spitz gab den Kampf auf und wandte sich gedemütigt und wütend ab.

Spitz vzdal boj a odvrátil se, ponížený a rozzlobený.

Er ließ seine Frustration an dem armen Billee aus und jagte ihn davon.

Vybil si svou frustraci na chudákovi Billeem a zahnal ho pryč.

An diesem Abend fügte Perrault dem Team einen weiteren Hund hinzu.

Toho večera Perrault přidal do týmu dalšího psa.

Dieser Hund war alt, mager und mit Kampfnarben übersät.

Tento pes byl starý, hubený a pokrytý jizvami z bitev.

Eines seiner Augen fehlte, doch das andere blitzte kraftvoll auf.

Jedno jeho oko chybělo, ale druhé zářilo silou.

Der neue Hund hieß Solleks, was „der Wütende" bedeutet.

Nový pes se jmenoval Solleks, což znamenalo Rozzlobený.

Wie Dave verlangte Solleks nichts von anderen und gab nichts zurück.

Stejně jako Dave, ani Solleks od ostatních nic nežádal a nic jim ani nedával.

Als Solleks langsam ins Lager ging, blieb sogar Spitz fern.

Když Solleks pomalu vešel do tábora, i Spitz se držel stranou.

Er hatte eine seltsame Angewohnheit, die Buck unglücklicherweise entdeckte.

Měl zvláštní zvyk, který Buck bohužel objevil.

Solleks hasste es, von der Seite angesprochen zu werden, auf der er blind war.

Solleks nesnášel, když se k němu přibližovali ze strany, kde byl slepý.

Buck wusste das nicht und machte diesen Fehler versehentlich.

Buck to nevěděl a té chyby se dopustil omylem.

Solleks wirbelte herum und versetzte Buck einen schnellen, tiefen Schlag auf die Schulter.

Solleks se otočil a rychle a hluboce seknul Bucka do ramene.

Von diesem Moment an kam Buck nie wieder in die Nähe von Solleks' blinder Seite.

Od té chvíle se Buck nikdy nepřiblížil k Solleksově slepé straně.

Für den Rest ihrer gemeinsamen Zeit gab es nie wieder Probleme.

Po zbytek doby, co spolu strávili, už nikdy neměli problémy.

Solleks wollte nur in Ruhe gelassen werden, wie der ruhige Dave.

Solleks chtěl jen být sám, jako tichý Dave.

Doch Buck erfuhr später, dass jeder von ihnen ein anderes geheimes Ziel hatte.

Buck se ale později dozvěděl, že každý z nich měl ještě jeden tajný cíl.

In dieser Nacht stand Buck vor einer neuen und beunruhigenden Herausforderung: Wie sollte er schlafen?

Té noci čelil Buck nové a znepokojivé výzvě – jak spát.

Das Zelt leuchtete warm im Kerzenlicht auf dem schneebedeckten Feld.

Stan v zasněženém poli hřejivě zářil světlem svíček.

Buck ging hinein und dachte, er könnte sich dort wie zuvor ausruhen.

Buck vešel dovnitř a pomyslel si, že si tam může odpočinout jako předtím.

Aber Perrault und François schrien ihn an und warfen Pfannen.

Ale Perrault a François na něj křičeli a házeli po něm pánve.

Schockiert und verwirrt rannte Buck in die eisige Kälte hinaus.

Šokovaný a zmatený Buck vyběhl ven do mrazivé zimy.

Ein bitterkalter Wind stach ihm in die verletzte Schulter und ließ seine Pfoten erfrieren.

Prudký vítr ho štípal do zraněného ramene a omrzl mu tlapky.

Er legte sich in den Schnee und versuchte, im Freien zu schlafen.

Lehl si do sněhu a snažil se spát venku pod širým nebem.

Doch die Kälte zwang ihn bald, heftig zitternd wieder aufzustehen.

Ale zima ho brzy donutila znovu vstát, silně se třásl.

Er wanderte durch das Lager und versuchte, ein wärmeres Plätzchen zu finden.

Procházel se táborem a snažil se najít teplejší místo.

Aber jede Ecke war genauso kalt wie die vorherige.

Ale každý kout byl stejně studený jako ten předchozí.

Manchmal sprangen ihn wilde Hunde aus der Dunkelheit an.

Někdy na něj ze tmy skákali divocí psi.

Buck sträubte sein Fell, fletschte die Zähne und knurrte warnend.

Buck se naježil, vycenil zuby a varovně zavrčel.

Er lernte schnell und die anderen Hunde zogen sich schnell zurück.

Rychle se učil a ostatní psi rychle couvali.

Trotzdem hatte er keinen Platz zum Schlafen und keine Ahnung, was er tun sollte.

Přesto neměl kde spát a netušil, co má dělat.

Endlich kam ihm ein Gedanke: Er sollte nach seinen Teamkollegen sehen.

Konečně ho napadlo – podívat se na své spoluhráče.

Er kehrte in ihre Gegend zurück und war überrascht, dass sie verschwunden waren.

Vrátil se do jejich oblasti a s překvapením zjistil, že jsou pryč.

Erneut durchsuchte er das Lager, konnte sie jedoch immer noch nicht finden.

Znovu prohledal tábor, ale stále je nemohl najít.

Er wusste, dass sie nicht im Zelt sein durften, sonst wäre er auch dort gewesen.

Věděl, že nemohou být ve stanu, jinak by tam byl i on.

Wo also waren all die Hunde in diesem eisigen Lager geblieben?

Tak kam se všichni psi v tomhle zamrzlém táboře poděli?

Buck, kalt und elend, umrundete langsam das Zelt.

Buck, promrzlý a nešťastný, pomalu kroužil kolem stanu.

Plötzlich sanken seine Vorderbeine in den weichen Schnee und er erschrak.

Najednou se mu přední nohy zabořily do měkkého sněhu a vylekaly ho.

Etwas zappelte unter seinen Füßen und er sprang ängstlich zurück.

Něco se mu zavrtělo pod nohama a on strachy uskočil.

Er knurrte und fauchte, ohne zu wissen, was sich unter dem Schnee verbarg.

Vrčel a vrčel, aniž by tušil, co se skrývá pod sněhem.

Dann hörte er ein freundliches kleines Bellen, das seine Angst linderte.

Pak uslyšel přátelské tiché štěknutí, které zmírnilo jeho strach.

Er schnüffelte in der Luft und kam näher, um zu sehen, was verborgen war.

Načechral vzduch a přiblížil se, aby viděl, co se skrývá.

Unter dem Schnee lag, zu einer warmen Kugel zusammengerollt, der kleine Billee.

Pod sněhem, schoulená do teplé koule, ležela malá Billee.

Billee wedelte mit dem Schwanz und leckte Bucks Gesicht zur Begrüßung.

Billee zavrtěl ocasem a olízl Bucka do obličeje na pozdrav.

Buck sah, wie Billee im Schnee einen Schlafplatz gebaut hatte.

Buck viděl, jak si Billee udělala ve sněhu místo na spaní.

Er hatte sich eingegraben und nutzte seine eigene Wärme, um sich warm zu halten.

Zakopal si hluboko a používal vlastní teplo, aby se zahřál.

Buck hatte eine weitere Lektion gelernt – so schliefen die Hunde.

Buck se naučil další lekci – takhle psi spali.

Er suchte sich eine Stelle aus und begann, sein eigenes Loch in den Schnee zu graben.

Vybral si místo a začal si kopat díru ve sněhu.

Anfangs bewegte er sich zu viel und verschwendete Energie.

Zpočátku se příliš mnoho pohyboval a plýtval energií.

Doch bald erwärmte sein Körper den Raum und er fühlte sich sicher.

Ale brzy jeho tělo prostor zahřálo a on se cítil bezpečně.

Er rollte sich fest zusammen und schlief bald fest.

Pevně se schoulil a zanedlouho tvrdě usnul.

Der Tag war lang und hart gewesen und Buck war erschöpft.
Den byl dlouhý a náročný a Buck byl vyčerpaný.
Er schlief tief und fest, obwohl seine Träume wild waren.
Spal hluboce a pohodlně, i když jeho sny byly divoké.
Er knurrte und bellte im Schlaf und wand sich im Traum.
Vrčel a štěkal ve spánku a při snění se kroutil.

Buck wachte erst auf, als im Lager bereits Leben erwachte.
Buck se neprobudil, dokud se tábor už nezačal probouzet k
životu.
Zuerst wusste er nicht, wo er war oder was passiert war.
Zpočátku nevěděl, kde je nebo co se stalo.
Über Nacht war Schnee gefallen und hatte seinen Körper
vollständig begraben.
Přes noc napadl sníh a jeho tělo bylo zcela pohřbeno.
Der Schnee umgab ihn von allen Seiten dicht.
Sníh ho tlačil, těsně přiléhal ze všech stran.
Plötzlich durchfuhr eine Welle der Angst Bucks ganzen
Körper.
Najednou Buckovým tělem projela vlna strachu.
Es war die Angst, gefangen zu sein, eine Angst aus tiefen
Instinkten.
Byl to strach z uvěznění, strach pramenící z hlubokých
instinktů.
Obwohl er noch nie eine Falle gesehen hatte, lebte die Angst
in ihm.
Ačkoli nikdy neviděl past, strach v něm žil.
Er war ein zahmer Hund, aber jetzt erwachten seine alten
wilden Instinkte.
Byl to krotký pes, ale teď se v něm probouzely staré divoké
instinkty.
Bucks Muskeln spannten sich an und sein Fell stellte sich
auf seinem ganzen Rücken auf.
Buckovi se napjaly svaly a srst se mu zježila po celých zádech.
Er knurrte wild und sprang senkrecht durch den Schnee
nach oben.
Zuřivě zavrčel a vyskočil přímo do sněhu.

Als er ins Tageslicht trat, flog Schnee in alle Richtungen.
Sníh létal všemi směry, když vtrhl do denního světla.
Schon vor der Landung sah Buck das Lager vor sich ausgebreitet.
Ještě před přistáním Buck uviděl tábor rozprostírající se před sebou.
Er erinnerte sich auf einmal an alles vom Vortag.
Vzpomněl si na všechno z předchozího dne, najednou.
Er erinnerte sich daran, wie er mit Manuel spazieren gegangen war und an diesem Ort gelandet war.
Vzpomněl si, jak se procházel s Manuelem a jak nakonec skončil na tomto místě.
Er erinnerte sich daran, wie er das Loch gegraben hatte und in der Kälte eingeschlafen war.
Vzpomněl si, jak vykopal díru a usnul v chladu.
Jetzt war er wach und die wilde Welt um ihn herum war klar.
Teď byl vzhůru a divoký svět kolem něj byl jasný.
Ein Ruf von François begrüßte Bucks plötzliches Auftauchen.
Françoisův výkřik oslavil Buckův náhlý příchod.
„Was habe ich gesagt?", rief der Hundeführer Perrault laut zu.
„Co jsem říkal?" křičel hlasitě na Perraulta psí doprovod.
„Dieser Buck lernt wirklich sehr schnell", fügte François hinzu.
„Ten Buck se učí fakt rychle," dodal François.
Perrault nickte ernst und war offensichtlich mit dem Ergebnis zufrieden.
Perrault vážně přikývl, zjevně spokojený s výsledkem.
Als Kurier für die kanadische Regierung beförderte er Depeschen.
Jako kurýr kanadské vlády nosil depeše.
Er war bestrebt, die besten Hunde für seine wichtige Mission zu finden.
Dychtil po nalezení těch nejlepších psů pro svou důležitou misi.

Er war besonders erfreut, dass Buck nun Teil des Teams war.
Obzvláště ho těšilo, že Buck byl teď součástí týmu.
Innerhalb einer Stunde kamen drei weitere Huskies zum Team hinzu.
Během hodiny byli do týmu přidáni další tři huskyové.
Damit betrug die Gesamtzahl der Hunde im Team neun.
Tím se celkový počet psů v týmu zvýšil na devět.
Innerhalb von fünfzehn Minuten lagen alle Hunde im Geschirr.
Během patnácti minut byli všichni psi v postrojích.
Das Schlittenteam schwang sich den Weg hinauf in Richtung Dyea Cañon.
Sáňkařské spřežení se vydávalo po stezce směrem k Dyea Cañon.
Buck war froh, gehen zu können, auch wenn die Arbeit, die vor ihm lag, hart war.
Buck byl rád, že odchází, i když ho čekala těžká práce.
Er stellte fest, dass er weder die Arbeit noch die Kälte besonders verabscheute.
Zjistil, že práci ani zimu nijak zvlášť nenávidí.
Er war überrascht von der Begeisterung, die das gesamte Team erfüllte.
Překvapilo ho nadšení, které naplnilo celý tým.
Noch überraschender war die Veränderung, die bei Dave und Solleks vor sich ging.
Ještě překvapivější byla změna, která se stala s Davem a Solleksem.
Diese beiden Hunde waren völlig unterschiedlich, als sie ein Geschirr trugen.
Tito dva psi byli v době, kdy byli zapřaženi, úplně odlišní.
Ihre Passivität und Sorglosigkeit waren völlig verschwunden.
Jejich pasivita a nezájem zcela zmizely.
Sie waren aufmerksam und aktiv und bestrebt, ihre Arbeit gut zu machen.
Byli bdělí, aktivní a dychtiví dobře vykonávat svou práci.

Sie reagierten äußerst verärgert über alles, was zu
Verzögerungen oder Verwirrung führte.
Zuřivě je podráždilo cokoli, co způsobovalo zpoždění nebo
zmatek.
Die harte Arbeit an den Zügeln stand im Mittelpunkt ihres
gesamten Wesens.
Tvrdá práce s otěžemi byla středem celé jejich bytosti.
Das Schlittenziehen schien das Einzige zu sein, was ihnen
wirklich Spaß machte.
Zdálo se, že tahání saní je jediná věc, která je doopravdy
bavila.
Dave war am Ende der Gruppe und dem Schlitten am
nächsten.
Dave byl vzadu ve skupině, nejblíže k samotným saním.
Buck landete vor Dave und Solleks zog an Buck vorbei.
Buck se umístil před Davea a Solleks se hnal před Bucka.
Die übrigen Hunde liefen in einer Reihe vorn.
Zbytek psů byl natažen vpředu v řadě za sebou.
Die Führungsposition an der Spitze besetzte Spitz.
Vedoucí pozici vpředu obsadil Spitz.
Buck war zur Einweisung zwischen Dave und Solleks
platziert worden.
Bucka umístili mezi Davea a Solleksa kvůli instrukcím.
Er lernte schnell und sie waren strenge und fähige Lehrer.
Učil se rychle a oni byli důrazní a schopní učitelé.
Sie ließen nie zu, dass Buck lange im Irrtum blieb.
Nikdy nedovolili Buckovi zůstat v omylu dlouho.
Sie erteilten ihre Lektionen, wenn nötig, mit scharfen
Zähnen.
V případě potřeby učili své lekce s ostrými zuby.
Dave war fair und zeigte eine ruhige, ernste Art von
Weisheit.
Dave byl spravedlivý a projevoval tichý, vážný druh
moudrosti.
Er hat Buck nie ohne guten Grund gebissen.
Nikdy nekousal Bucka bez dobrého důvodu.

Aber er hat es nie versäumt, zuzubeißen, wenn Buck eine Korrektur brauchte.

Ale nikdy nezapomněl kousnout, když Buck potřeboval napravit.

François' Peitsche war immer bereit und untermauerte ihre Autorität.

Françoisův bič byl vždy připravený a podporoval jejich autoritu.

Buck merkte bald, dass es besser war zu gehorchen, als sich zu wehren.

Buck brzy zjistil, že je lepší poslechnout, než se bránit.

Einmal verhedderte sich Buck während einer kurzen Pause in den Zügeln.

Jednou, během krátkého odpočinku, se Buck zamotal do otěží.

Er verzögerte den Start und brachte die Bewegungen des Teams durcheinander.

Zdržel start a zmátl pohyb týmu.

Dave und Solleks stürzten sich auf ihn und verprügelten ihn brutal.

Dave a Solleks se na něj vrhli a drsně ho zmlátili.

Das Gewirr wurde nur noch schlimmer, aber Buck lernte seine Lektion.

Spleť se jen zhoršovala, ale Buck se z toho dobře poučil.

Von da an hielt er die Zügel straff und arbeitete vorsichtig.

Od té chvíle držel otěže napnuté a pracoval opatrně.

Bevor der Tag zu Ende war, hatte Buck einen Großteil seiner Aufgabe gemeistert.

Než den skončil, Buck zvládl většinu svého úkolu.

Seine Teamkollegen hörten fast auf, ihn zu korrigieren oder zu beißen.

Jeho spoluhráči ho téměř přestali opravovat nebo kousat.

François' Peitsche knallte immer seltener durch die Luft.

Françoisův bič praskal vzduchem čím dál méně často.

Perrault hob sogar Bucks Füße an und untersuchte sorgfältig jede Pfote.

Perrault dokonce zvedl Buckovy nohy a pečlivě prozkoumal každou tlapku.

Es war ein harter Tageslauf gewesen, lang und anstrengend für alle.

Byl to pro ně všechny náročný den běhu, dlouhý a vyčerpávající.

Sie reisten den Cañon hinauf, durch Sheep Camp und an den Scales vorbei.

Cestovali nahoru po kaňonu, přes Ovčí tábor a kolem Váh.

Sie überquerten die Baumgrenze, dann Gletscher und meterhohe Schneeverwehungen.

Překročili hranici lesa, pak ledovce a sněhové závěje hluboké mnoho stop.

Sie erklommen die große, kalte und unwirtliche Chilkoot-Wasserscheide.

Vyšplhali se na velký chladný a nehostinný Chilkootský průliv.

Dieser hohe Bergrücken lag zwischen Salzwasser und dem gefrorenen Landesinneren.

Ten vysoký hřeben stál mezi slanou vodou a zamrzlým vnitrozemím.

Die Berge bewachten den traurigen und einsamen Norden mit Eis und steilen Anstiegen.

Hory střežily smutný a osamělý Sever ledem a strmými stoupáními.

Sie kamen gut voran und erreichten eine lange Kette von Seen unterhalb der Wasserscheide.

Zvládli to dobře po dlouhém řetězci jezer pod rozvodím.

Diese Seen füllten die alten Krater erloschener Vulkane.

Tato jezera vyplňovala starověké krátery vyhaslých sopek.

Spät in der Nacht erreichten sie ein großes Lager am Lake Bennett.

Pozdě v noci dorazili do velkého tábora u jezera Bennett.

Tausende Goldsucher waren dort und bauten Boote für den Frühling.

Byly tam tisíce hledačů zlata a stavěli lodě na jaro.

Das Eis würde bald aufbrechen und sie mussten bereit sein.

Led se měl brzy protrhnout a oni museli být připraveni.

Buck grub sein Loch in den Schnee und fiel in einen tiefen Schlaf.

Buck si vykopal díru ve sněhu a hluboce usnul.

Er schlief wie ein Arbeiter, erschöpft von einem harten Arbeitstag.

Spal jako pracující člověk, vyčerpaný z těžkého dne dřiny.

Doch zu früh wurde er in der Dunkelheit aus dem Schlaf gerissen.

Ale příliš brzy ve tmě byl vytržen ze spánku.

Er wurde wieder mit seinen Kumpels angeschirrt und vor den Schlitten gespannt.

Znovu ho zapřáhli se svými druhy a připojili k saním.

An diesem Tag legten sie sechzig Kilometer zurück, weil der Schnee festgetreten war.

Toho dne ušli šedesát mil, protože sníh byl dobře ušlapaný.

Am nächsten Tag und noch viele Tage danach war der Schnee weich.

Následující den a ještě mnoho dní poté byl sníh měkký.

Sie mussten den Weg selbst bahnen, härter arbeiten und langsamer vorankommen.

Museli si cestu vydláždit sami, usilovněji pracovali a pohybovali se pomaleji.

Normalerweise ging Perrault mit Schwimmhäuten an den Schneeschuhen vor dem Team her.

Perrault obvykle kráčel před týmem na sněžnicích s plovacími blánami.

Seine Schritte verdichteten den Schnee und erleichterten so die Fortbewegung des Schlittens.

Jeho kroky udupaly sníh, a tak saním usnadnil pohyb.

François, der vom Steuerstand aus steuerte, übernahm manchmal die Kontrolle.

François, který kormidloval od souřadnicové tyče, někdy přebíral velení.

Aber es kam selten vor, dass François die Führung übernahm

Ale jen zřídka se François ujal vedení

weil Perrault es eilig hatte, die Briefe und Pakete
auszuliefern.
protože Perrault spěchal s doručením dopisů a balíků.
Perrault war stolz auf sein Wissen über Schnee und
insbesondere Eis.
Perrault byl hrdý na své znalosti sněhu, a zejména ledu.
Dieses Wissen war von entscheidender Bedeutung, da das
Eis im Herbst gefährlich dünn war.
Tato znalost byla nezbytná, protože podzimní led byl
nebezpečně tenký.
Wo das Wasser unter der Oberfläche schnell floss, gab es
überhaupt kein Eis.
Tam, kde voda pod hladinou rychle proudila, nebyl vůbec
žádný led.

Tag für Tag wiederholte sich endlos die gleiche Routine.
Den za dnem se ta samá rutina opakovala bez konce.
Buck arbeitete unermüdlich von morgens bis abends in den
Zügeln.
Buck se od úsvitu do večera nekonečně dřel v otěžích.
Sie verließen das Lager im Dunkeln, lange bevor die Sonne
aufgegangen war.
Tábor opustili za tmy, dlouho před východem slunce.
Als es Tag wurde, hatten sie bereits viele Kilometer
zurückgelegt.
Než se rozednilo, měli už za sebou mnoho kilometrů.
Sie schlugen ihr Lager nach Einbruch der Dunkelheit auf,
aßen Fisch und gruben sich in den Schnee ein.
Tábor si postavili po setmění, jedli ryby a zahrabávali se do
sněhu.
Buck war immer hungrig und mit seiner Ration nie wirklich
zufrieden.
Buck měl pořád hlad a nikdy nebyl se svým přídělem
doopravdy spokojený.
Er erhielt jeden Tag anderthalb Pfund getrockneten Lachs.
Každý den dostával půl kila sušeného lososa.

Doch das Essen schien in ihm zu verschwinden und ließ den Hunger zurück.
Ale jídlo v něm jako by mizelo a zanechávalo za sebou hlad.
Er litt unter ständigem Hunger und träumte von mehr Essen.
Trpěl neustálým hladem a snil o dalším jídle.
Die anderen Hunde haben nur ein Pfund abgenommen, sind aber stark geblieben.
Ostatní psi dostali jen půl kila jídla, ale zůstali silní.
Sie waren kleiner und in das Leben im Norden hineingeboren.
Byli menší a narodili se do severského života.
Er verlor rasch die Sorgfalt, die sein früheres Leben geprägt hatte.
Rychle ztratil puntičkářskou puntičkářskou povahu, která charakterizovala jeho starý život.
Er war ein gieriger Esser gewesen, aber jetzt war das nicht mehr möglich.
Býval laskominou, ale teď už to nebylo možné.
Seine Kameraden waren zuerst fertig und raubten ihm seine noch nicht aufgegessene Ration.
Jeho kamarádi dojedli první a okradli ho o nedojedený příděl.
Als sie einmal damit anfingen, gab es keine Möglichkeit mehr, sein Essen vor ihnen zu verteidigen.
Jakmile začali, nebylo možné se před nimi ubránit jeho jídlu.
Während er zwei oder drei Hunde abwehrte, stahlen die anderen den Rest.
Zatímco on zahnal dva nebo tři psy, ostatní ukradli zbytek.
Um dies zu beheben, begann er, so schnell zu essen wie die anderen.
Aby to napravil, začal jíst stejně rychle jako ostatní.
Der Hunger trieb ihn so sehr an, dass er sogar Essen zu sich nahm, das ihm nicht gehörte.
Hlad ho tak silně trápil, že si vzal i jídlo, které nebylo jeho vlastní.
Er beobachtete die anderen und lernte schnell aus ihren Handlungen.
Pozoroval ostatní a rychle se z jejich chování učil.

Er sah, wie Pike, ein neuer Hund, Perrault eine Scheibe
Speck stahl.
Viděl Pikea, nového psa, jak ukradl Perraultovi plátek slaniny.
Pike hatte gewartet, bis Perrault sich umdrehte, um den
Speck zu stehlen.
Pike počkal, až se Perrault otočí zády, aby mu mohl ukrást
slaninu.
Am nächsten Tag machte Buck es Pike nach und stahl das
ganze Stück.
Následujícího dne Buck okopíroval Pikea a ukradl celý kus.
Es folgte ein großer Aufruhr, doch Buck wurde nicht
verdächtigt.
Následoval velký hluk, ale Buck nebyl podezřívaný.
Stattdessen wurde Dub bestraft, ein tollpatschiger Hund,
der immer erwischt wurde.
Místo toho byl potrestán Dub, nemotorný pes, který se
vždycky nechal chytit.
Dieser erste Diebstahl machte Buck zu einem Hund, der in
der Lage war, im Norden zu überleben.
Ta první krádež označila Bucka za psa schopného přežít sever.
Er zeigte, dass er sich an neue Bedingungen anpassen und
schnell lernen konnte.
Ukázal, že se dokáže rychle přizpůsobit novým podmínkám a
učit se.
Ohne diese Anpassungsfähigkeit wäre er schnell und auf
schlimme Weise gestorben.
Bez takové přizpůsobivosti by zemřel rychle a těžce.
Es markierte auch den Zusammenbruch seiner moralischen
Natur und seiner früheren Werte.
Znamenalo to také zhroucení jeho morální podstaty a
minulých hodnot.
Im Südland hatte er nach dem Gesetz der Liebe und Güte
gelebt.
V Jihu žil podle zákona lásky a laskavosti.
Dort war es sinnvoll, Eigentum und die Gefühle anderer
Hunde zu respektieren.
Tam dávalo smysl respektovat majetek a city ostatních psů.

Aber das Nordland befolgte das Gesetz der Keule und das Gesetz der Reißzähne.

Ale Severní země se řídila zákonem kyje a zákonem tesáku.

Wer hier alte Werte respektierte, war dumm und würde scheitern.

Kdokoli zde respektoval staré hodnoty, byl hloupý a selhal by.

Buck hat das alles nicht durchdacht.

Buck si to všechno v duchu neuvažoval.

Er war fit und passte sich daher an, ohne darüber nachdenken zu müssen.

Byl v kondici, a tak se přizpůsobil, aniž by musel přemýšlet.

Sein ganzes Leben lang war er noch nie vor einem Kampf davongelaufen.

Celý svůj život se mu nikdy nepodařilo utéct před rvačkou.

Doch die Holzkeule des Mannes im roten Pullover änderte diese Regel.

Ale dřevěná kyj muže v červeném svetru toto pravidlo změnila.

Jetzt folgte er einem tieferen, älteren Code, der in sein Wesen eingeschrieben war.

Nyní se řídil hlubším, starším kódem vepsaným do jeho bytosti.

Er stahl nicht aus Vergnügen, sondern aus Hunger.

Nekradl z potěšení, ale z bolesti z hladu.

Er raubte nie offen, sondern stahl mit List und Sorgfalt.

Nikdy otevřeně neloupil, ale kradl lstivě a opatrně.

Er handelte aus Respekt vor der Holzkeule und aus Angst vor dem Fangzahn.

Jednal z úcty k dřevěné kyji a ze strachu před tesákem.

Kurz gesagt, er hat das getan, was einfacher und sicherer war, als es nicht zu tun.

Zkrátka udělal to, co bylo jednodušší a bezpečnější než to neudělat.

Seine Entwicklung – oder vielleicht seine Rückkehr zu alten Instinkten – verlief schnell.

Jeho vývoj – nebo možná jeho návrat ke starým instinktům – byl rychlý.

Seine Muskeln verhärteten sich, bis sie sich stark wie Eisen anfühlten.

Jeho svaly ztvrdly, až se cítily pevné jako železo.

Schmerzen machten ihm nichts mehr aus, es sei denn, sie waren ernst.

Už ho bolest netrápila, pokud nebyla vážná.

Er wurde durch und durch effizient und verschwendete überhaupt nichts.

Stal se efektivním zevnitř i zvenčí, nic neplýtval.

Er konnte Dinge essen, die scheußlich, verdorben oder schwer verdaulich waren.

Mohl jíst věci, které byly odporné, shnilé nebo těžko stravitelné.

Was auch immer er aß, sein Magen verbrauchte das letzte bisschen davon.

Ať snědl cokoli, jeho žaludek spotřeboval každou poslední kousek cenné látky.

Sein Blut transportierte die Nährstoffe weit durch seinen kräftigen Körper.

Jeho krev roznášela živiny daleko jeho silným tělem.

Dadurch baute er starkes Gewebe auf, das ihm eine unglaubliche Ausdauer verlieh.

Díky tomu si vybudoval silné tkáně, které mu dodávaly neuvěřitelnou vytrvalost.

Sein Seh- und Geruchssinn wurden viel feiner als zuvor.

Jeho zrak a čich se staly mnohem citlivějšími než dříve.

Sein Gehör wurde so scharf, dass er im Schlaf leise Geräusche wahrnehmen konnte.

Jeho sluch se natolik zostřil, že dokázal ve spánku rozeznat slabé zvuky.

In seinen Träumen wusste er, ob die Geräusche Sicherheit oder Gefahr bedeuteten.

Ve snech věděl, jestli zvuky znamenají bezpečí, nebo nebezpečí.

Er lernte, mit den Zähnen auf das Eis zwischen seinen Zehen zu beißen.

Naučil se kousat led mezi prsty na nohou zuby.

Wenn ein Wasserloch zufror, brach er das Eis mit seinen Beinen.

Pokud zamrzla napajedla, prolámal led nohama.

Er bäumte sich auf und schlug mit seinen steifen Vorderbeinen hart auf das Eis.

Vzpjal se a ztuhlými předními končetinami silně udeřil do ledu.

Seine bemerkenswerteste Fähigkeit war die Vorhersage von Windänderungen über Nacht.

Jeho nejpozoruhodnější schopností bylo předpovídat změny větru přes noc.

Selbst bei Windstille suchte er sich windgeschützte Stellen aus.

I když byl vzduch klidný, vybíral si místa chráněná před větrem.

Wo auch immer er sein Nest grub, der Wind des nächsten Tages strich an ihm vorbei.

Ať už si vykopal hnízdo kdekoli, vítr druhého dne ho minul.

Er landete immer gemütlich und geschützt, in Lee der Brise.

Vždycky skončil útulně a chráněně, v závětří proti větru.

Buck hat nicht nur durch Erfahrung gelernt – auch seine Instinkte sind zurückgekehrt.

Buck se nejen poučil ze zkušeností – vrátily se mu i instinkty.

Die Gewohnheiten der domestizierten Generationen begannen zu verschwinden.

Zvyky domestikovaných generací se začaly vytrácet.

Er erinnerte sich vage an die alten Zeiten seiner Rasse.

Matně si vzpomínal na dávné časy svého rodu.

Er dachte an die Zeit zurück, als wilde Hunde in Rudeln durch die Wälder rannten.

Vzpomněl si na dobu, kdy divocí psi běhali ve smečkách lesy.

Sie hatten ihre Beute gejagt und getötet, während sie sie verfolgten.

Pronásledovali a zabíjeli svou kořist, zatímco ji doháněli.

Buck lernte leicht, mit Biss und Schnelligkeit zu kämpfen.

Pro Bucka bylo snadné naučit se bojovat zuby a rychlostí.

Er verwendete Schnitte, Hiebe und schnelle
Schnappschüsse, genau wie seine Vorfahren.
Používal řezy, seknutí a rychlé cvaknutí stejně jako jeho
předkové.
Diese Vorfahren regten sich in ihm und erweckten seine
wilde Natur.
Ti předkové se v něm probudí a probudí jeho divokou
povahu.
Ihre alten Fähigkeiten waren ihm durch die Blutlinie vererbt
worden.
Jejich staré dovednosti na něj přešly skrze pokrevní linii.
Ihre Tricks gehörten ihm nun, ohne dass er üben oder sich
anstrengen musste.
Jejich triky teď byly jeho, bez nutnosti cviku nebo úsilí.

In stillen, kalten Nächten hob Buck die Nase und heulte.
Za tichých, chladných nocí Buck zvedl čumák a zavýjel.
Er heulte lang und tief, so wie es die Wölfe vor langer Zeit
getan hatten.
Vyl dlouho a hluboce, jako to dělali vlci kdysi dávno.
Durch ihn streckten seine toten Vorfahren ihre Nasen und
heulten.
Skrze něj jeho mrtví předkové ukazovali nosy a vyli.
Sie heulten durch die Jahrhunderte mit seiner Stimme und
Gestalt.
Jeho hlasem a postavou se nesly skrz staletí vytím.
Seine Kadenzen waren ihre, alte Schreie, die von Kummer
und Kälte erzählten.
Jeho kadence byly jejich, staré výkřiky, které vyprávěly o
zármutku a zimě.
Sie sangen von Dunkelheit, Hunger und der Bedeutung des
Winters.
Zpívali o temnotě, hladu a významu zimy.
Buck bewies, wie das Leben von Kräften jenseits des
eigenen Ichs geprägt wird.
Buck dokázal, jak je život formován silami mimo nás samotné.
Das uralte Lied stieg durch Buck auf und ergriff seine Seele.

Stará píseň stoupala Buckem a zmocňovala se jeho duše.

Er fand sich selbst, weil Menschen im Norden Gold gefunden hatten.

Našel se, protože muži na severu našli zlato.

Und er fand sich selbst, weil Manuel, der Gärtnergehilfe, Geld brauchte.

A ocitl se v ní, protože Manuel, zahradníkův pomocník, potřeboval peníze.

Das dominante Urtier
Dominantní Prvotní Bestie

In Buck war das dominante Urtier so stark wie eh und je.
Dominantní prvotní bestie byla v Buckovi stejně silná jako vždy.
Doch das dominante Urtier hatte in ihm geschlummert.
Ale dominantní prvotní bestie v něm dřímala.
Das Leben auf dem Trail war hart, aber es stärkte das Tier in Buck.
Život na stezce byl drsný, ale posílil v Buckovi zvířecí nitro.
Insgeheim wurde das Biest von Tag zu Tag stärker.
Bestie tajně každým dnem sílila a sílila.
Doch dieses innere Wachstum blieb der Außenwelt verborgen.
Ale tento vnitřní růst zůstal skrytý před vnějším světem.
In Buck baute sich eine stille und ruhige Urkraft auf.
V Buckovi se budovala tichá a klidná prvotní síla.
Neue Gerissenheit verlieh Buck Gleichgewicht, Ruhe und Selbstbeherrschung.
Nová lstivost dodala Buckovi rovnováhu, klidnou kontrolu a vyrovnanost.
Buck konzentrierte sich sehr auf die Anpassung und fühlte sich nie völlig entspannt.
Buck se usilovně soustředil na adaptaci, nikdy se necítil úplně uvolněný.
Er ging Konflikten aus dem Weg, fing nie Streit an und suchte auch nie Ärger.
Vyhýbal se konfliktům, nikdy nezačínal hádky ani nevyhledával potíže.
Jede Bewegung von Buck war von langsamer, stetiger Nachdenklichkeit geprägt.
Buckův každý pohyb formovala pomalá, vytrvalá přemýšlivost.
Er vermied überstürzte Entscheidungen und plötzliche, rücksichtslose Entschlüsse.

Vyhýbal se ukvapeným rozhodnutím a náhlým, bezohledným rozhodnutím.

Obwohl Buck Spitz zutiefst hasste, zeigte er ihm gegenüber keine Aggression.

Ačkoli Buck Spitze hluboce nenáviděl, neprojevoval vůči němu žádnou agresi.

Buck hat Spitz nie provoziert und sein Verhalten zurückhaltend gehalten.

Buck Spitze nikdy neprovokoval a své jednání udržoval zdrženlivé.

Spitz hingegen spürte die wachsende Gefahr, die von Buck ausging.

Spitz na druhou stranu vycítil rostoucí nebezpečí v Buckovi.

Er sah in Buck eine Bedrohung und eine ernsthafte Herausforderung seiner Macht.

Bucka vnímal jako hrozbu a vážnou výzvu pro svou moc.

Er nutzte jede Gelegenheit, um zu knurren und seine scharfen Zähne zu zeigen.

Využil každé příležitosti k zavrčení a vycenění ostrých zubů.

Er versuchte, den tödlichen Kampf zu beginnen, der bevorstand.

Snažil se zahájit smrtící boj, který musel přijít.

Schon zu Beginn der Reise wäre es beinahe zu einem Streit zwischen ihnen gekommen.

Na začátku cesty mezi nimi málem vypukla rvačka.

Doch ein unerwarteter Unfall verhinderte den Kampf.

Ale nečekaná nehoda zabránila souboji.

An diesem Abend schlugen sie ihr Lager am bitterkalten Lake Le Barge auf.

Toho večera si postavili tábor na krutě chladném jezeře Le Barge.

Es schneite heftig und der Wind war schneidend wie ein Messer.

Sníh padal hustě a vítr řezal jako nůž.

Die Nacht war zu schnell hereingebrochen und Dunkelheit umgab sie.

Noc přišla příliš rychle a obklopila je tma.

Sie hätten sich kaum einen schlechteren Ort zum Ausruhen aussuchen können.

Těžko si mohli vybrat horší místo pro odpočinek.

Die Hunde suchten verzweifelt nach einem Platz zum Hinlegen.

Psi zoufale hledali místo, kde by si mohli lehnout.

Hinter der kleinen Gruppe erhob sich steil eine hohe Felswand.

Za malou skupinou se strmě zvedala vysoká skalní stěna.

Das Zelt wurde in Dyea zurückgelassen, um die Last zu erleichtern.

Stan byl zanechán v Dyea, aby se ulehčil náklad.

Ihnen blieb nichts anderes übrig, als das Feuer auf dem Eis selbst zu machen.

Neměli jinou možnost, než rozdělat oheň přímo na ledě.

Sie breiten ihre Schlafmäntel direkt auf dem zugefrorenen See aus.

Rozprostřeli si spací róby přímo na zamrzlém jezeře.

Ein paar Stücke Treibholz gaben ihnen ein wenig Feuer.

Pár větviček naplaveného dřeva jim dodalo trochu ohně.

Doch das Feuer wurde auf dem Eis entfacht und taute hindurch.

Ale oheň byl rozdělán na ledu a roztál se skrz něj.

Schließlich aßen sie ihr Abendessen im Dunkeln.

Nakonec jedli večeři ve tmě.

Buck rollte sich neben dem Felsen zusammen, geschützt vor dem kalten Wind.

Buck se schoulil vedle skály, chráněný před studeným větrem.

Der Platz war so warm und sicher, dass Buck es hasste, wegzugehen.

Místo bylo tak teplé a bezpečné, že se Buckovi nelíbilo odcházet.

Aber François hatte den Fisch aufgewärmt und verteilte die Rationen.

Ale François ohřál rybu a rozdával příděly.

Buck aß schnell fertig und ging zurück in sein Bett.

Buck rychle dojedl a vrátil se do postele.

Aber Spitz lag jetzt dort, wo Buck sein Bett gemacht hatte.

Ale Spitz teď ležel tam, kde mu Buck ustlal postel.

Ein leises Knurren warnte Buck, dass Spitz sich weigerte, sich zu bewegen.

Tiché zavrčení varovalo Bucka, že se Spitz odmítá pohnout.

Bisher hatte Buck diesen Kampf mit Spitz vermieden.

Buck se tomuto souboji se Spitzem až doposud vyhýbal.

Doch tief in Bucks Innerem brach das Biest schließlich aus.

Ale hluboko v Buckově nitru se bestie konečně uvolnila.

Der Diebstahl seines Schlafplatzes war zu viel für ihn.

Krádež jeho spacího místa byla příliš k tolerování.

Buck stürzte sich voller Wut und Zorn auf Spitz.

Buck se vrhl na Spitze, plný hněvu a vzteku.

Bis jetzt hatte Spitz gedacht, Buck sei bloß ein großer Hund.

Až donedávna si Spitz myslel, že Buck je jen velký pes.

Er glaubte nicht, dass Buck durch seinen Geist überlebt hatte.

Nemyslel si, že Buck přežil díky svému duchu.

Er erwartete Angst und Feigheit, nicht Wut und Rache.

Čekal strach a zbabělost, ne vztek a pomstu.

François starrte die beiden Hunde an, als sie aus dem zerstörten Nest stürmten.

François zíral, jak oba psi vylétli ze zničeného hnízda.

Er verstand sofort, was den wilden Kampf ausgelöst hatte.

Okamžitě pochopil, co spustilo ten divoký boj.

„Aa-ah!", rief François, um dem braunen Hund zuzujubeln.

„Ááá!" vykřikl François na podporu hnědého psa.

„Verprügelt ihn! Bei Gott, bestraft diesen hinterhältigen Dieb!"

„Dejte mu výprask! Proboha, potrestejte toho lstivého zloděje!"

Spitz zeigte gleichermaßen Bereitschaft und wilden Kampfeswillen.

Spitz projevoval stejnou připravenost a divokou dychtivost k boji.

Er schrie wütend auf, während er schnell im Kreis kreiste und nach einer Öffnung suchte.

Vykřikl vzteky a rychle kroužil v hledání otvoru.

Buck zeigte den gleichen Kampfeshunger und die gleiche Vorsicht.

Buck projevoval stejnou touhu po boji a stejnou opatrnost.

Auch er umkreiste seinen Gegner und versuchte, im Kampf die Oberhand zu gewinnen.

Také obešel svého soupeře a snažil se získat v boji převahu.

Dann geschah etwas Unerwartetes und veränderte alles.

Pak se stalo něco nečekaného a všechno se změnilo.

Dieser Moment verzögerte den letztendlichen Kampf um die Führung.

Ten okamžik oddálil konečný boj o vedení.

Bis zum Ende warteten noch viele Meilen voller Mühe und Anstrengung.

Před koncem je čekalo ještě mnoho kilometrů cesty a boje.

Perrault stieß einen Fluch aus, als eine Keule auf Knochen schlug.

Perrault zaklel, když obušek narazil do kosti.

Es folgte ein scharfer Schmerzensschrei, dann brach überall Chaos aus.

Následoval ostrý bolestný výkřik a pak všude kolem explodoval chaos.

Dunkle Gestalten bewegten sich im Lager; wilde Huskys, ausgehungert und wild.

V táboře se pohybovaly temné postavy; divocí huskyové, vyhladovělí a zuřiví.

Vier oder fünf Dutzend Huskys hatten das Lager von weitem erschnüffelt.

Čtyři nebo pět tuctů huskyů vyčenichalo tábor už z dálky.

Sie hatten sich leise hineingeschlichen, während die beiden Hunde in der Nähe kämpften.

Tiše se vplížili dovnitř, zatímco se opodál prali dva psi.

François und Perrault griffen an und schwangen Knüppel auf die Eindringlinge.

François a Perrault zaútočili a mávali obušky na vetřelce.

Die ausgehungerten Huskies zeigten ihre Zähne und wehrten sich rasend.

Hladoví huskyové ukázali zuby a zuřivě se bránili.

Der Geruch von Fleisch und Brot hatte sie alle Angst vertreiben lassen.

Vůně masa a chleba je zahnala za všechen strach.

Perrault schlug einen Hund, der seinen Kopf in der Fresskiste vergraben hatte.

Perrault zbil psa, který si zabořil hlavu do krmné krabice.

Der Schlag war hart, die Schachtel kippte um und das Essen quoll heraus.

Rána byla silná, krabice se převrátila a jídlo se z ní vysypalo.

Innerhalb von Sekunden rissen sich zwanzig wilde Tiere über das Brot und das Fleisch her.

Během několika sekund se do chleba a masa rozervala spousta divokých zvířat.

Die Keulen der Männer landeten Schlag auf Schlag, doch kein Hund ließ nach.

Pánské hole zasazovaly úder za úderem, ale žádný pes se neodvrátil.

Sie schrien vor Schmerz, kämpften aber, bis kein Futter mehr übrig war.

Vyli bolestí, ale bojovali, dokud jim nezbylo žádné jídlo.

Inzwischen waren die Schlittenhunde aus ihren verschneiten Betten gesprungen.

Mezitím sáňkářští psi vyskočili ze svých zasněžených pelechů.

Sie wurden sofort von den bösartigen, hungrigen Huskys angegriffen.

Okamžitě je napadli zlí hladoví huskyové.

Buck hatte noch nie zuvor so wilde und ausgehungerte Tiere gesehen.

Buck nikdy předtím neviděl tak divoká a vyhladovělá stvoření.

Ihre Haut hing lose und verbarg kaum ihr Skelett.

Jejich kůže visela volně a sotva skrývala jejich kostry.

In ihren Augen brannte ein Feuer aus Hunger und Wahnsinn

V jejich očích byl oheň hladem a šílenstvím

Sie waren nicht aufzuhalten, ihrem wilden Ansturm war kein Widerstand zu leisten.

Nedalo se je zastavit; nedalo se odolat jejich divokému náporu.

Die Schlittenhunde wurden zurückgedrängt und gegen die Felswand gedrückt.

Sáňkové psy zatlačili dozadu a přitiskli je ke stěně útesu.

Drei Huskies griffen Buck gleichzeitig an und rissen ihm das Fleisch auf.

Tři huskyové zaútočili na Bucka najednou a trhali mu maso.

Aus den Schnittwunden an seinem Kopf und seinen Schultern strömte Blut.

Z hlavy a ramen, kde byl řezán, mu stékala krev.

Der Lärm erfüllte das Lager: Knurren, Jaulen und Schmerzensschreie.

Hluk naplnil tábor; vrčení, štěkání a výkřiky bolesti.

Billee weinte wie immer laut, gefangen im Kampf und in der Panik.

Billee hlasitě plakala, jako obvykle, zasažena vším tím harmonií a panikou.

Dave und Solleks standen Seite an Seite, blutend, aber trotzig.

Dave a Solleks stáli vedle sebe, krváceli, ale vzdorovitě.

Joe kämpfte wie ein Dämon und biss alles, was ihm zu nahe kam.

Joe bojoval jako démon a kousal všechno, co se k němu přiblížilo.

Mit einem brutalen Schnappen seines Kiefers zerquetschte er das Bein eines Huskys.

Jedním brutálním cvaknutím čelistí rozdrtil huskymu nohu.

Pike sprang auf den verletzten Husky und brach ihm sofort das Genick.

Štika skočila na zraněného huskyho a okamžitě mu zlomila vaz.

Buck packte einen Husky an der Kehle und riss ihm die Ader auf.

Buck chytil huskyho za krk a roztrhl mu žílu.

Blut spritzte und der warme Geschmack trieb Buck in Raserei.

Krev stříkla a teplá chuť dohnala Bucka k šílenství.

Ohne zu zögern stürzte er sich auf einen anderen Angreifer.

Bez váhání se vrhl na dalšího útočníka.

Im selben Moment gruben sich scharfe Zähne in Bucks Kehle.

Ve stejném okamžiku se Buckovi do hrdla zaryly ostré zuby.

Spitz hatte von der Seite zugeschlagen und ohne Vorwarnung angegriffen.

Spitz udeřil ze strany, útočil bez varování.

Perrault und François hatten die Hunde besiegt, die das Futter stahlen.

Perrault a François porazili psy, kteří kradli jídlo.

Nun eilten sie ihren Hunden zu Hilfe, um die Angreifer abzuwehren.

Nyní spěchali, aby pomohli svým psům odrazit útočníky.

Die ausgehungerten Hunde zogen sich zurück, als die Männer ihre Keulen schwangen.

Hladoví psi ustupovali, když muži mávali obušky.

Buck konnte sich dem Angriff befreien, doch die Flucht war nur von kurzer Dauer.

Buck se útoku vymanil, ale útěk byl krátký.

Die Männer rannten los, um ihre Hunde zu retten, und die Huskies kamen erneut zum Vorschein.

Muži běželi zachránit své psy a huskyové se znovu vyrojili.

Billee, der aus Angst Mut fasste, sprang in die Hundemeute.

Billee, vyděšená k odvaze, skočila do smečky psů.

Doch dann floh er in blanker Angst und Panik über das Eis.

Ale pak utekl přes led, v syrové hrůze a panice.

Pike und Dub folgten dicht dahinter und rannten um ihr Leben.

Pike a Dub je těsně následovali a běželi, aby si zachránili život.

Der Rest des Teams löste sich auf, zerstreute sich und folgte ihnen.

Zbytek týmu se rozprchl a následoval je.

Buck nahm all seine Kräfte zusammen, um loszurennen, doch dann sah er einen Blitz.

Buck sebral sílu k útěku, ale pak uviděl záblesk.

Spitz stürzte sich auf Buck und versuchte, ihn zu Boden zu schlagen.

Spitz se vrhl na Bucka a snažil se ho srazit k zemi.

Unter dieser Meute von Huskys hätte Buck nicht entkommen können.

Pod tou hordou huskyů by Buck neměl úniku.

Aber Buck blieb standhaft und wappnete sich für den Schlag von Spitz.

Buck však stál pevně a připravoval se na Spitzův úder.

Dann drehte er sich um und rannte mit dem fliehenden Team auf das Eis hinaus.

Pak se otočil a vyběhl na led s prchajícím týmem.

Später versammelten sich die neun Schlittenhunde im Schutz des Waldes.

Později se devět spřežených psů shromáždilo v lesním úkrytu.

Niemand verfolgte sie mehr, aber sie waren geschlagen und verwundet.

Nikdo je už nepronásledoval, ale byli zbití a zranění.

Jeder Hund hatte Wunden; vier oder fünf tiefe Schnitte an jedem Körper.

Každý pes měl zranění; na každém těle čtyři nebo pět hlubokých řezných ran.

Dub hatte ein verletztes Hinterbein und konnte kaum noch laufen.

Dub měl zraněnou zadní nohu a teď se mu těžko chodilo.

Dolly, der neueste Hund aus Dyea, hatte eine aufgeschlitzte Kehle.

Dolly, nejnovější fena z Dyea, měla podříznutý krk.

Joe hatte ein Auge verloren und Billees Ohr war in Stücke geschnitten

Joe přišel o oko a Billee mělo ucho rozstříhané na kusy.

Alle Hunde schrien die ganze Nacht vor Schmerz und Niederlage.

Všichni psi celou noc křičeli bolestí a porážkou.

Im Morgengrauen krochen sie wund und gebrochen zurück ins Lager.

Za úsvitu se plížili zpět do tábora, bolaví a zlomení.

Die Huskies waren verschwunden, aber der Schaden war angerichtet.

Huskyové zmizeli, ale škoda už byla napáchána.

Perrault und François standen schlecht gelaunt vor der Ruine.

Perrault a François stáli nad zříceninou v nepříjemné náladě.

Die Hälfte der Lebensmittel war verschwunden und von den hungrigen Dieben geschnappt worden.

Polovina jídla byla pryč, uchvátili ji hladoví zloději.

Die Huskies hatten Schlittenbindungen und Planen zerrissen.

Huskyové protrhli vázání saní a plachtu.

Alles, was nach Essen roch, wurde vollständig verschlungen.

Všechno, co vonělo po jídle, bylo úplně zhltnuto.

Sie aßen ein Paar von Perraults Reisestiefeln aus Elchleder.

Snědli pár Perraultových cestovních bot z losí kůže.

Sie zerkauten Lederreis und ruinierten Riemen, sodass sie nicht mehr verwendet werden konnten.

Žvýkali kožené rei a ničili řemínky k nepoužitelnosti.

François hörte auf, auf die zerrissene Peitsche zu starren, um nach den Hunden zu sehen.

François přestal zírat na natrženou řasu, aby zkontroloval psy.

„Ah, meine Freunde", sagte er mit leiser, besorgter Stimme.

„Ach, přátelé," řekl tichým hlasem plným starostí.

„Vielleicht verwandeln euch all diese Bisse in tollwütige Tiere."

„Možná z vás všechna ta kousnutí udělají šílené bestie."

„Vielleicht alles tollwütige Hunde, heiliger Scheiß! Was meinst du, Perrault?"

„Možná všichni vzteklí psi, posvátný pane! Co myslíš, Perraulte?"

Perrault schüttelte den Kopf, seine Augen waren dunkel vor Sorge und Angst.

Perrault zavrtěl hlavou, oči potemnělé znepokojením a strachem.

Zwischen ihnen und Dawson lagen noch sechshundertvierzig Kilometer.

Od Dawsonu je stále dělilo čtyři sta mil.

Der Hundewahnsinn könnte nun jede Überlebenschance zerstören.

Psí šílenství by teď mohlo zničit jakoukoli šanci na přežití.

Sie verbrachten zwei Stunden damit, zu fluchen und zu versuchen, die Ausrüstung zu reparieren.

Strávili dvě hodiny nadávkami a snahou opravit vybavení.

Das verwundete Team verließ schließlich gebrochen und besiegt das Lager.

Zraněný tým nakonec opustil tábor, zlomený a poražený.

Dies war der bisher schwierigste Weg und jeder Schritt war schmerzhaft.

Tohle byla dosud nejtěžší stezka a každý krok byl bolestivý.

Der Thirty Mile River war nicht zugefroren und rauschte wild.

Řeka Třicet mil nezamrzla a divoce se valila.

Nur an ruhigen Stellen und in wirbelnden Wirbeln konnte das Eis halten.

Led se dokázal udržet pouze v klidných místech a vířících vírech.

Sechs Tage harter Arbeit vergingen, bis die dreißig Meilen geschafft waren.

Uběhlo šest dní tvrdé práce, než byli třicet mil uraženi.

Jeder Kilometer des Weges barg Gefahren und Todesgefahr.

Každá míle stezky přinášela nebezpečí a hrozbu smrti.

Die Männer und Hunde riskierten mit jedem schmerzhaften Schritt ihr Leben.

Muži i psi riskovali své životy s každým bolestivým krokem.

Perrault durchbrach ein Dutzend Mal dünne Eisbrücken.

Perrault prorazil tenké ledové mosty tucetkrát.

Er trug eine Stange und ließ sie über das Loch fallen, das sein Körper hinterlassen hatte.

Nesl tyč a nechal ji spadnout přes díru, kterou jeho tělo vytvořilo.

Mehr als einmal rettete diese Stange Perrault vor dem Ertrinken.

Tato tyč Perraulta vícekrát zachránila před utonutím.

Die Kältewelle hielt an, die Lufttemperatur lag bei minus fünfzig Grad.

Chladné počasí se drželo pevně, vzduch měl padesát stupňů pod nulou.

Jedes Mal, wenn er hineinfiel, musste Perrault ein Feuer anzünden, um zu überleben.

Pokaždé, když Perrault spadl dovnitř, musel rozdělat oheň, aby přežil.

Nasse Kleidung gefror schnell, also trocknete er sie in der Nähe der sengenden Hitze.

Mokré oblečení rychle mrzlo, a tak ho sušil poblíž spalujícího horka.

Perrault hatte nie Angst und das machte ihn zu einem Kurier.

Perraulta nikdy nepostihl strach, a to z něj dělalo kurýra.

Er wurde für die Gefahr auserwählt und begegnete ihr mit stiller Entschlossenheit.

Byl vybrán pro nebezpečí a čelil mu s tichým odhodláním.

Er drängte sich gegen den Wind vorwärts, sein runzliges Gesicht war erfroren.

Tlačil se dopředu proti větru, scvrklý obličej měl omrzlý.

Von der Morgendämmerung bis zum Einbruch der Nacht führte Perrault sie weiter.

Od slabého úsvitu do soumraku je Perrault vedl vpřed.

Er ging auf einer schmalen Eiskante, die bei jedem Schritt knackte.

Kráčel po úzkém ledovém okraji, který s každým krokem praskal.

Sie wagten nicht, anzuhalten – jede Pause hätte das Risiko eines tödlichen Zusammenbruchs bedeutet.

Neodvážili se zastavit – každá pauza riskovala smrtelný kolaps.

Einmal brach der Schlitten durch und zog Dave und Buck hinein.
Jednou se sáně protrhly a vtáhly Davea a Bucka dovnitř.
Als sie freigezogen wurden, waren beide fast erfroren.
Než je vytáhli na svobodu, byli oba téměř zmrzlí.
Die Männer machten schnell ein Feuer, um Buck und Dave am Leben zu halten.
Muži rychle rozdělali oheň, aby Bucka a Davea udrželi naživu.
Die Hunde waren von der Nase bis zum Schwanz mit Eis bedeckt und steif wie geschnitztes Holz.
Psi byli od čumáku k ocasu potaženi ledem, tuhí jako vyřezávané dřevo.
Die Männer ließen sie in der Nähe des Feuers im Kreis laufen, um ihre Körper aufzutauen.
Muži s nimi kroužili u ohně, aby jim rozmrzla těla.
Sie kamen den Flammen so nahe, dass ihr Fell versengt wurde.
Přišli k plamenům tak blízko, že jim spálili srst.
Als nächster durchbrach Spitz das Eis und zog das Team hinter sich her.
Spitz prorazil led jako další a táhl za sebou tým.
Der Bruch reichte bis zu der Stelle, an der Buck zog.
Zlom sahal až k místu, kde Buck táhl.
Buck lehnte sich weit zurück, seine Pfoten rutschten und zitterten auf der Kante.
Buck se prudce zaklonil, tlapky mu na okraji klouzaly a třásly se.
Dave streckte sich ebenfalls nach hinten, direkt hinter Buck auf der Leine.
Dave se také napjal dozadu, hned za Bucka na lajně.
François zog den Schlitten, seine Muskeln knackten vor Anstrengung.
François táhl saně, svaly mu praskaly námahou.
Ein anderes Mal brach das Randeis vor und hinter dem Schlitten.
Jindy se okrajový led praskal před a za saněmi.

Sie hatten keinen anderen Ausweg, als eine gefrorene Felswand zu erklimmen.

Neměli jinou cestu ven, než vylézt po zamrzlé stěně útesu.

Perrault schaffte es irgendwie, die Mauer zu erklimmen; wie durch ein Wunder blieb er am Leben.

Perrault nějakým způsobem přelezl zeď; zázrak ho udržel naživu.

François blieb unten und betete um dasselbe Glück.

François zůstal dole a modlil se za stejné štěstí.

Sie banden jeden Riemen, jede Zurrschnur und jede Leine zu einem langen Seil zusammen.

Svázali každý popruh, šňůru a provaz do jednoho dlouhého lana.

Die Männer zogen jeden Hund einzeln nach oben.

Muži vytahovali každého psa nahoru, jednoho po druhém.

François kletterte als Letzter, nach dem Schlitten und der gesamten Ladung.

François lezl poslední, po saních a celém nákladu.

Dann begann eine lange Suche nach einem Weg von den Klippen hinunter.

Pak začalo dlouhé hledání cesty dolů z útesů.

Schließlich stiegen sie mit demselben Seil ab, das sie selbst hergestellt hatten.

Nakonec sestoupili po stejném lanu, které si sami vyrobili.

Es wurde Nacht, als sie erschöpft und wund zum Flussbett zurückkehrten.

Když se vyčerpaní a bolaví, padla noc.

Der ganze Tag hatte ihnen nur eine Viertelmeile Gewinn eingebracht.

Trvalo jim celý den, než urazili pouhou čtvrt míle.

Als sie das Hootalinqua erreichten, war Buck erschöpft.

Než dorazili k Hootalinquě, Buck byl vyčerpaný.

Die anderen Hunde litten ebenso sehr unter den Bedingungen auf dem Trail.

Ostatní psi trpěli stejně těžce podmínkami na stezce.

Aber Perrault musste Zeit gutmachen und trieb sie jeden Tag weiter an.

Perrault ale potřeboval získat zpět čas a každý den je tlačil dál.

Am ersten Tag reisten sie dreißig Meilen nach Big Salmon.

První den cestovali třicet mil do Big Salmonu.

Am nächsten Tag reisten sie fünfunddreißig Meilen nach Little Salmon.

Následujícího dne cestovali třicet pět mil do Little Salmonu.

Am dritten Tag kämpften sie sich durch sechzig Kilometer lange, eisige Strecken.

Třetího dne se prodrali dlouhými čtyřiceti kilometry zmrzlých vod.

Zu diesem Zeitpunkt näherten sie sich der Siedlung Five Fingers.

V té době se blížili k osadě Five Fingers.

Bucks Füße waren weicher als die harten Füße der einheimischen Huskys.

Buckovy nohy byly měkčí než tvrdé nohy původních huskyů.

Seine Pfoten waren im Laufe vieler zivilisierter Generationen zart geworden.

Jeho tlapky během mnoha civilizovaných generací zcitlivěly.

Vor langer Zeit wurden seine Vorfahren von Flussmännern oder Jägern gezähmt.

Kdysi dávno byli jeho předkové ochočeni říčními muži nebo lovci.

Jeden Tag humpelte Buck unter Schmerzen und ging auf wunden, schmerzenden Pfoten.

Buck každý den kulhal bolestí a chodil po odřených, bolavých tlapkách.

Im Lager fiel Buck wie eine leblose Gestalt in den Schnee.

V táboře se Buck zhroutil na sníh jako bezvládné tělo.

Obwohl Buck am Verhungern war, stand er nicht auf, um sein Abendessen einzunehmen.

Přestože Buck hladověl, nevstal, aby snědl večeři.

François brachte Buck seine Ration und legte ihm Fisch neben die Schnauze.

François přinesl Buckovi jeho příděl jídla a položil mu rybu k čenichu.

Jeden Abend massierte der Fahrer Bucks Füße eine halbe Stunde lang.

Každou noc řidič půl hodiny třel Buckovi nohy.

François hat sogar seine eigenen Mokassins zerschnitten, um daraus Hundeschuhe zu machen.

François si dokonce nastříhal vlastní mokasíny, aby si z nich vyrobil psí boty.

Vier warme Schuhe waren für Buck eine große und willkommene Erleichterung.

Čtyři teplé boty poskytly Buckovi velkou a vítanou úlevu.

Eines Morgens vergaß François die Schuhe und Buck weigerte sich aufzustehen.

Jednoho rána si François zapomněl boty a Buck se odmítl vstát.

Buck lag auf dem Rücken, die Füße in der Luft, und wedelte mitleiderregend damit herum.

Buck ležel na zádech s nohama ve vzduchu a žalostně s nimi mával.

Sogar Perrault grinste beim Anblick von Bucks dramatischer Bitte.

Dokonce i Perrault se při pohledu na Buckovu dramatickou prosbu ušklíbl.

Bald wurden Bucks Füße hart und die Schuhe konnten weggeworfen werden.

Buckovi brzy ztvrdly nohy a boty mohl vyhodit.

In Pelly stieß Dolly beim Angeschirrtwerden ein schreckliches Heulen aus.

V Pelly, během zapřažení, Dolly vydala strašlivý výkřik.

Der Schrei war lang und voller Wahnsinn und erschütterte jeden Hund.

Křik byl dlouhý a plný šílenství, otřásal každým psem.

Jeder Hund zuckte vor Angst zusammen, ohne den Grund zu kennen.

Každý pes se zježil strachy, aniž by věděl proč.

Dolly war verrückt geworden und stürzte sich direkt auf Buck.

Dolly se zbláznila a vrhla se přímo na Bucka.

Buck hatte noch nie Wahnsinn gesehen, aber sein Herz war von Entsetzen erfüllt.

Buck nikdy neviděl šílenství, ale hrůza naplnila jeho srdce.

Ohne nachzudenken, drehte er sich um und floh in absoluter Panik.

Bez přemýšlení se otočil a v naprosté panice utekl.

Dolly jagte ihm hinterher, ihre Augen waren wild, Speichel spritzte aus ihrem Maul.

Dolly ho pronásledovala s divokým pohledem a slinami, které jí stékaly z čelistí.

Sie blieb direkt hinter Buck, holte nie auf und fiel nie zurück.

Držela se těsně za Buckem, nikdy ho nedoháněla ani neustupovala.

Buck rannte durch den Wald, die Insel hinunter und über zerklüftetes Eis.

Buck běžel lesem, dolů po ostrově, přes rozeklaný led.

Er überquerte die Insel und erreichte eine weitere, bevor er im Kreis zurück zum Fluss ging.

Přešel k jednomu ostrovu, pak k dalšímu a vrátil se k řece.

Dolly jagte ihn immer noch und knurrte ihn bei jedem Schritt an.

Dolly ho stále pronásledovala a vrčení se ozývalo těsně za ním na každém kroku.

Buck konnte ihren Atem und ihre Wut hören, obwohl er es nicht wagte, zurückzublicken.

Buck slyšel její dech a vztek, i když se neodvážil ohlédnout.

François rief aus der Ferne und Buck drehte sich in die Richtung der Stimme um.

François zakřičel z dálky a Buck se otočil za hlasem.

Immer noch nach Luft schnappend rannte Buck vorbei und setzte seine ganze Hoffnung auf François.

Buck stále lapal po dechu a proběhl kolem a vkládal veškerou naději ve Françoise.

Der Hundeführer hob eine Axt und wartete, während Buck vorbeiflog.

Psí jezdec zvedl sekeru a čekal, až Buck proletí kolem.

Die Axt kam schnell herunter und traf Dollys Kopf mit tödlicher Wucht.

Sekera se rychle snesla a udeřila Dolly do hlavy smrtící silou.

Buck brach neben dem Schlitten zusammen, keuchte und konnte sich nicht bewegen.

Buck se zhroutil poblíž saní, sípal a nebyl schopen se pohnout.

In diesem Moment hatte Spitz die Chance, einen erschöpften Gegner zu schlagen.

V tom okamžiku měl Spitz šanci zasáhnout vyčerpaného nepřítele.

Zweimal biss er Buck und riss das Fleisch bis auf den weißen Knochen auf.

Dvakrát kousl Bucka a roztrhal mu maso až k bílé kosti.

François' Peitsche knallte und traf Spitz mit voller, wütender Wucht.

Françoisův bič praskl a udeřil Spitze plnou, zuřivou silou.

Buck sah mit Freude zu, wie Spitz seine bisher härteste Tracht Prügel bekam.

Buck s radostí sledoval, jak Spitz dostával svůj dosud nejkrutější výprask.

„Er ist ein Teufel, dieser Spitz", murmelte Perrault düster vor sich hin.

„Je to ďábel, ten Spitz," zamumlal si Perrault temně pro sebe.

„Eines Tages wird dieser verfluchte Hund Buck töten – das schwöre ich."

„Jednoho dne brzy ten prokletý pes zabije Bucka – přísahám."

„Dieser Buck hat zwei Teufel in sich", antwortete François mit einem Nicken.

„Ten Buck má v sobě dva ďábly," odpověděl François s kývnutím hlavy.

„Wenn ich Buck beobachte, weiß ich, dass etwas Wildes in ihm lauert."

„Když se dívám na Bucka, vím, že v něm čeká něco zuřivého."

„Eines Tages wird er rasend vor Wut werden und Spitz in Stücke reißen."

„Jednoho dne se rozzuří jako oheň a roztrhá Špice na kusy."

„Er wird den Hund zerkauen und ihn auf den gefrorenen Schnee spucken."

„Toho psa rozkouše a vyplivne ho na zmrzlý sníh."

„Das weiß ich ganz sicher tief in meinem Innern."

„Jasně že to vím, hluboko v kostech."

Von diesem Moment an befanden sich die beiden Hunde im Krieg.

Od té chvíle byli oba psi uvězněni ve válce.

Spitz führte das Team an und hatte die Macht, aber Buck stellte das in Frage.

Spitz vedl tým a držel moc, ale Buck to zpochybnil.

Spitz sah seinen Rang durch diesen seltsamen Fremden aus dem Süden bedroht.

Spitz viděl, jak tento podivný cizinec z Jihu ohrožuje jeho hodnost.

Buck war anders als alle Südstaatenhunde, die Spitz zuvor gekannt hatte.

Buck se nepodobal žádnému jižanskému psu, kterého Spitz předtím znal.

Die meisten von ihnen scheiterten – sie waren zu schwach, um Kälte und Hunger zu überleben.

Většina z nich selhala – byli příliš slabí na to, aby přežili zimu a hlad.

Sie starben schnell unter der harten Arbeit, dem Frost und der langsamen Hungersnot.

Rychle umírali v práci, mrazu a pomalém hoření hladomoru.

Buck stand abseits – mit jedem Tag stärker, klüger und wilder.

Buck vyčníval – silnější, chytřejší a každý den divočejší.

Er gedieh trotz aller Härte und wuchs heran, bis er den nördlichen Huskies ebenbürtig war.

Dařilo se mu v útrapách a vyrostl tak, aby se vyrovnal severním huskyům.

Buck hatte Kraft, wilde Geschicklichkeit und einen geduldigen, tödlichen Instinkt.

Buck měl sílu, divokou dovednost a trpělivý, smrtící instinkt.

Der Mann mit der Keule hatte Buck die Unbesonnenheit ausgetrieben.

Muž s kyjem z Bucka vymlátil ukvapenost.

Die blinde Wut war verschwunden und durch stille Gerissenheit und Kontrolle ersetzt worden.

Slepá zuřivost byla pryč, nahrazena tichou lstí a sebeovládáním.

Er wartete ruhig und ursprünglich und wartete auf den richtigen Moment.

Čekal, klidný a prapůvodní, vyhlížel ten správný okamžik.

Ihr Kampf um die Vorherrschaft wurde unvermeidlich und deutlich.

Jejich boj o velení se stal nevyhnutelným a jasným.

Buck strebte nach einer Führungsposition, weil sein Geist es verlangte.

Buck toužil po vůdcovství, protože si to vyžadoval jeho duch.

Er wurde von dem seltsamen Stolz getrieben, der aus der Jagd und dem Geschirr entstand.

Poháněla ho zvláštní hrdost zrozená z cesty a postroje.

Dieser Stolz ließ die Hunde ziehen, bis sie im Schnee zusammenbrachen.

Ta hrdost nutila psy táhnout, dokud se nezhroutili do sněhu.

Der Stolz verleitete sie dazu, all ihre Kraft einzusetzen.

Pýcha je lákala k tomu, aby vydali veškerou sílu, kterou měli.

Stolz kann einen Schlittenhund sogar in den Tod treiben.

Pýcha dokáže sáňkového psa zlákat až k smrti.

Der Verlust des Geschirrs ließ die Hunde gebrochen und ziellos zurück.

Ztráta postroje zanechala psy zlomené a bez smyslu.

Das Herz eines Schlittenhundes kann vor Scham brechen, wenn er in den Ruhestand geht.

Srdce tažného psa může být zdrceno studem, když odejde do důchodu.

Dave lebte von diesem Stolz, während er den Schlitten hinter sich herzog.

Dave žil z této hrdosti, když táhl saně zezadu.

Auch Solleks gab mit grimmiger Stärke und Loyalität alles.

I Solleks ze sebe vydal všechno s ponurou silou a loajalitou.

Jeden Morgen verwandelte der Stolz ihre Verbitterung in Entschlossenheit.

Každé ráno je hrdost proměňovala z hořkosti v odhodlání.

Sie drängten den ganzen Tag und verstummten dann am Ende des Lagers.

Celý den se tlačili a pak na konci tábora ztichli.

Dieser Stolz gab Spitz die Kraft, Drückeberger zur Räson zu bringen.

Tato hrdost dala Spitzovi sílu dohnat ty, co se vyhýbají trestu.

Spitz fürchtete Buck, weil Buck denselben tiefen Stolz in sich trug.

Spitz se Bucka bál, protože Buck v sobě nesl stejnou hlubokou hrdost.

Bucks Stolz wandte sich nun gegen Spitz, und er ließ nicht locker.

Buckova hrdost se nyní vzbouřila proti Spitzovi a on se nezastavil.

Buck widersetzte sich Spitz' Macht und hinderte ihn daran, Hunde zu bestrafen.

Buck se vzepřel Spitzově moci a zabránil mu v trestání psů.

Als andere versagten, stellte sich Buck zwischen sie und ihren Anführer.

Když jiní selhali, Buck se postavil mezi ně a jejich vůdce.

Er tat dies mit Absicht und brachte seine Herausforderung offen und deutlich zum Ausdruck.

Udělal to záměrně, svou výzvu dal jasně a otevřeně najevo.

In einer Nacht hüllte schwerer Schnee die Welt in tiefe Stille.

Jedné noci hustý sníh zahalil svět hlubokým tichem.

Am nächsten Morgen stand Pike, faul wie immer, nicht zur Arbeit auf.

Druhý den ráno Pike, líný jako vždy, nevstal do práce.

Er blieb in seinem Nest unter einer dicken Schneeschicht verborgen.

Zůstal schovaný ve svém hnízdě pod silnou vrstvou sněhu.

François rief und suchte, konnte den Hund jedoch nicht finden.

François zavolal a hledal, ale psa nenašel.

Spitz wurde wütend und stürmte durch das schneebedeckte Lager.

Spitz se rozzuřil a vtrhl do zasněženého tábora.

Er knurrte und schnüffelte und grub wie verrückt mit flammenden Augen.

Vrčel a čichal a zuřivě kopal planoucíma očima.

Seine Wut war so heftig, dass Pike vor Angst unter dem Schnee zitterte.

Jeho vztek byl tak prudký, že se Štika strachy třásla pod sněhem.

Als Pike schließlich gefunden wurde, stürzte sich Spitz auf den versteckten Hund, um ihn zu bestrafen.

Když byl Pike konečně nalezen, Spitz se vrhl na schovávajícího se psa, aby ho potrestal.

Doch Buck sprang mit einer Wut zwischen sie, die Spitz' eigener ebenbürtig war.

Buck se ale mezi ně vrhl s vztekem, který se rovnal Spitzově vlastnímu.

Der Angriff erfolgte so plötzlich und geschickt, dass Spitz umfiel.

Útok byl tak náhlý a chytrý, že Spitz spadl z nohou.

Pike, der gezittert hatte, schöpfte aus diesem Trotz neuen Mut.

Pike, který se celý třásl, se z tohoto vzdoru povzbudil.

Er sprang auf den gefallenen Spitz und folgte Bucks mutigem Beispiel.

Skočil na padlého Špice a následoval Buckova odvážného příkladu.

Buck, der nicht länger an Fairness gebunden war, beteiligte sich am Angriff auf Spitz.

Buck, kterého už nevázala spravedlnost, se připojil ke stávce na Spitzi.

François, amüsiert, aber dennoch diszipliniert, schwang seine schwere Peitsche.

François, pobavený, ale zároveň neústupný v kázni, švihl těžkým bičem.

Er schlug Buck mit aller Kraft, um den Kampf zu beenden.

Udeřil Bucka vší silou, aby rvačku ukončil.

Buck weigerte sich, sich zu bewegen und blieb auf dem gefallenen Anführer sitzen.

Buck se odmítl pohnout a zůstal na spadlém vůdci.

Dann benutzte François den Griff der Peitsche und schlug Buck damit heftig.

François pak použil rukojeť biče a silně udeřil Bucka.

Buck taumelte unter dem Schlag und fiel zurück.

Buck se pod úderem zapotácel a pod útokem se zhroutil.

François schlug immer wieder zu, während Spitz Pike bestrafte.

François udeřil znovu a znovu, zatímco Spitz trestal Pikea.

Die Tage vergingen und Dawson City kam immer näher.

Dny plynuly a Dawson City se stále více přibližovalo.

Buck mischte sich immer wieder ein und schlüpfte zwischen Spitz und andere Hunde.

Buck se pořád plel a vmísil se mezi Spitze a ostatní psy.

Er wählte seine Momente gut und wartete immer darauf, dass François ging.

Dobře si vybíral chvíle, vždycky čekal, až François odejde.

Bucks stille Rebellion breitete sich aus und im Team breitete sich Unordnung aus.

Buckova tichá vzpoura se šířila a v týmu se zakořenil chaos.

Dave und Solleks blieben loyal, andere jedoch wurden widerspenstig.

Dave a Solleks zůstali věrní, ale jiní se stali neposlušnými.

Die Situation im Team wurde immer schlimmer – es wurde unruhig, streitsüchtig und geriet aus der Reihe.

Tým se zhoršoval – byl neklidný, hádavý a vybočoval z latě.

Nichts lief mehr reibungslos und es kam immer wieder zu Streit.

Nic už nefungovalo hladce a rvačky se staly běžnou záležitostí.

Buck blieb im Zentrum des Chaos und provozierte ständig Unruhe.

Buck zůstával v centru dění a neustále vyvolával nepokoje.

François blieb wachsam, aus Angst vor dem Kampf zwischen Buck und Spitz.

François zůstal ve střehu, protože se bál rvačky mezi Buckem a Spitzem.

Jede Nacht wurde er durch Rangeleien geweckt, aus Angst, dass es endlich losgehen würde.

Každou noc ho budily rvačky, protože se bál, že konečně nastal začátek.

Er sprang aus seiner Robe, bereit, den Kampf zu beenden.

Vyskočil ze svého roucha, připravený přerušit rvačku.

Aber der Moment kam nie und sie erreichten schließlich Dawson.

Ale ta chvíle nikdy nenastala a konečně dorazili do Dawsonu.

Das Team betrat die Stadt an einem trüben Nachmittag, angespannt und still.

Tým vjel do města jednoho pochmurného odpoledne, napjatý a tichý.

Der große Kampf um die Führung hing noch immer in der eisigen Luft.

Velká bitva o vedení stále visela ve vzduchu.

Dawson war voller Männer und Schlittenhunde, die alle mit der Arbeit beschäftigt waren.

Dawson byl plný mužů a spřežení, všichni byli zaneprázdněni prací.

Buck beobachtete die Hunde von morgens bis abends beim Lastenziehen.

Buck sledoval, jak psi tahájí břemena od rána do večera.

Sie transportierten Baumstämme und Brennholz und lieferten Vorräte an die Minen.

Odváželi klády a palivové dříví, přepravovali zásoby do dolů.

Wo früher im Süden Pferde arbeiteten, schufteten heute Hunde.

Tam, kde kdysi na Jihu pracovali koně, nyní dřeli psi.

Buck sah einige Hunde aus dem Süden, aber die meisten waren wolfsähnliche Huskys.

Buck viděl několik psů z jihu, ale většina z nich byli vlčí huskyové.

Nachts erhoben die Hunde pünktlich zum ersten Mal ihre Stimmen zum Singen.

V noci, jako hodinky, psi zvyšovali hlasy v písni.

Um neun, um Mitternacht und erneut um drei begann der Gesang.

V devět, o půlnoci a znovu ve tři začal zpěv.

Buck liebte es, in ihren unheimlichen Gesang einzustimmen, der wild und uralt klang.

Buck se s oblibou přidával k jejich tajemnému zpěvu, divokému a starobylému.

Das Polarlicht flammte, die Sterne tanzten und das Land war mit Schnee bedeckt.

Polární záře plápolala, hvězdy tančily a zemi pokrýval sníh.

Der Gesang der Hunde erhob sich als Aufschrei gegen die Stille und die bittere Kälte.

Psí zpěv se ozval jako křik proti tichu a kruté zimě.

Doch in jedem langen Ton ihres Heulens war Trauer und nicht Trotz zu hören.

Ale v každém dlouhém tónu jejich vytí byl smutek, ne vzdor.

Jeder Klageschrei war voller Flehen; die Last des Lebens selbst.

Každý kvílivý výkřik byl plný proseb; břemeno samotného života.

Dieses Lied war alt – älter als Städte und älter als Feuer

Ta píseň byla stará – starší než města a starší než požáry

Dieses Lied war sogar älter als die Stimmen der Menschen.

Ta píseň byla dokonce starší než lidské hlasy.

Es war ein Lied aus der jungen Welt, als alle Lieder traurig waren.

Byla to píseň z mladého světa, kdy všechny písně byly smutné.

Das Lied trug den Kummer unzähliger Hundegenerationen in sich.

Píseň nesla smutek nesčetných generací psů.

Buck spürte die Melodie tief und stöhnte vor jahrhundertealtem Schmerz.

Buck tu melodii hluboce procítil a sténal bolestí zakořeněnou ve věcích.

Er schluchzte aus einem Kummer, der so alt war wie das wilde Blut in seinen Adern.

Vzlykal zármutkem starým jako divoká krev v jeho žilách.

Die Kälte, die Dunkelheit und das Geheimnisvolle berührten Bucks Seele.

Chlad, tma a tajemno se dotkly Buckovy duše.

Dieses Lied bewies, wie weit Buck zu seinen Ursprüngen zurückgekehrt war.

Ta píseň dokázala, jak hluboko se Buck vrátil ke svým kořenům.

Durch Schnee und Heulen hatte er den Anfang seines eigenen Lebens gefunden.

Skrze sníh a vytí našel začátek svého vlastního života.

Sieben Tage nach ihrer Ankunft in Dawson brachen sie erneut auf.

Sedm dní po příjezdu do Dawsonu se znovu vydali na cestu.

Das Team verließ die Kaserne und fuhr hinunter zum Yukon Trail.

Tým klesl z kasáren dolů na Yukonskou stezku.

Sie begannen die Rückreise nach Dyea und Salt Water.

Vydali se na cestu zpět k Dyea a Salt Water.

Perrault überbrachte noch dringlichere Depeschen als zuvor.

Perrault nosil ještě naléhavější zásilky než dříve.

Auch ihn packte der Trail-Stolz, und er wollte einen Rekord aufstellen.

Také ho pohltila hrdost na traily a jeho cílem bylo vytvořit rekord.

Diesmal hatte Perrault mehrere Vorteile.

Tentokrát bylo několik výhod na Perraultově straně.

Die Hunde hatten eine ganze Woche lang geruht und ihre Kräfte wiedererlangt.

Psi odpočívali celý týden a nabrali zpět sílu.

Die Spur, die sie gebahnt hatten, wurde nun von anderen festgestampft.

Stezka, kterou prošlapali, byla nyní udupaná ostatními.

An manchen Stellen hatte die Polizei Futter für Hunde und Menschen gelagert.

Na některých místech měla policie uskladněné jídlo pro psy i muže.

Perrault reiste mit leichtem Gepäck und bewegte sich schnell, ohne dass ihn etwas belastete.

Perrault cestoval nalehko, pohyboval se rychle a s malým množstvím věcí, které by ho tížily.

Sie erreichten Sixty-Mile, eine Strecke von achtzig Kilometern, noch in der ersten Nacht.

První noc dorazili na Sixty-Mile, což byl běh dlouhý padesát mil.

Am zweiten Tag eilten sie den Yukon hinauf nach Pelly.

Druhého dne se řítili po Yukonu směrem k Pelly.

Doch dieser tolle Fortschritt war für François mit vielen Strapazen verbunden.

Ale takový skvělý pokrok s sebou pro Françoise nesl velké úsilí.

Bucks stille Rebellion hatte die Disziplin des Teams zerstört.

Buckova tichá vzpoura narušila disciplínu v týmu.

Sie zogen nicht mehr wie ein Tier an den Zügeln.

Už netáhli za jeden provaz jako jedna bestie v otěžích.

Buck hatte durch sein mutiges Beispiel andere zum Trotz verleitet.

Buck svým odvážným příkladem vedl ostatní k odporu.

Spitz' Befehl stieß weder auf Furcht noch auf Respekt.

Spitzův rozkaz se již nesetkával se strachem ani respektem.

Die anderen verloren ihre Ehrfurcht vor ihm und wagten es, sich seiner Herrschaft zu widersetzen.

Ostatní ztratili k němu úctu a odvážili se vzdorovat jeho vládě.

Eines Nachts stahl Pike einen halben Fisch und aß ihn vor Bucks Augen.
Jednou v noci Pike ukradl půlku ryby a snědl ji Buckovi přímo pod jeho okem.
In einer anderen Nacht kämpften Dub und Joe gegen Spitz und blieben ungestraft.
Další noc se Dub a Joe poprali se Spitzem a zůstali bez trestu.
Sogar Billee jammerte weniger süß und zeigte eine neue Schärfe.
Dokonce i Billee kňučela méně sladce a projevila novou bystrost.
Buck knurrte Spitz jedes Mal an, wenn sich ihre Wege kreuzten.
Buck na Spitze vrčel pokaždé, když se zkřížili.
Bucks Haltung wurde dreist und bedrohlich, fast wie die eines Tyrannen.
Buckův postoj se stal troufalým a hrozivým, skoro jako u tyrana.
Mit stolzgeschwellter Brust und voller spöttischer Bedrohung schritt er vor Spitz auf und ab.
S chvástavým výrazem plným posměšné hrozby přecházel před Spitzem.
Dieser Zusammenbruch der Ordnung breitete sich auch unter den Schlittenhunden aus.
Toto zhroucení pořádku se rozšířilo i mezi saňovými psy.
Sie stritten und stritten mehr denn je und erfüllten das Lager mit Lärm.
Hádali se a hádali víc než kdy dřív, a tábor naplňovali hlukem.
Das Lagerleben verwandelte sich jede Nacht in ein wildes, heulendes Chaos.
Život v táboře se každou noc měnil v divoký, kvílivý chaos.
Nur Dave und Solleks blieben ruhig und konzentriert.
Pouze Dave a Solleks zůstali stabilní a soustředění.
Doch selbst sie wurden durch die ständigen Schlägereien ungehalten.
Ale i oni se kvůli neustálým rvačkám rozčílili.

François fluchte in fremden Sprachen und stampfte
frustriert auf.

François zaklel v podivných jazycích a frustrovaně dupal.

Er riss sich die Haare aus und schrie, während der Schnee
unter seinen Füßen wirbelte.

Rval si vlasy a křičel, zatímco pod nohama létal sníh.

Seine Peitsche knallte über das Rudel, konnte es aber kaum
in Schach halten.

Jeho bič šlehl přes smečku, ale sotva je udržel v řadě.

Immer wenn er sich umdrehte, brachen die Kämpfe erneut
aus.

Kdykoli se otočil zády, boj se znovu rozpoutal.

François setzte die Peitsche für Spitz ein, während Buck die
Rebellen anführte.

François použil bič pro Spitze, zatímco Buck vedl rebely.

Jeder kannte die Rolle des anderen, aber Buck vermied
jegliche Schuldzuweisungen.

Každý znal roli toho druhého, ale Buck se jakémukoli
obviňování vyhýbal.

François hat Buck nie dabei erwischt, wie er eine Schlägerei
anfing oder sich vor seiner Arbeit drückte.

François nikdy nepřistihl Bucka při tom, jak by začínal rvačku
nebo se vyhýbal své práci.

Buck arbeitete hart im Geschirr – die Mühe erfüllte ihn jetzt
mit Begeisterung.

Buck tvrdě pracoval v postroji – dřina teď vzrušovala jeho
ducha.

Doch noch mehr Freude bereitete ihm das Anzetteln von
Kämpfen und Chaos im Lager.

Ale ještě větší radost nacházel v rozdmýchávání rvaček a
chaosu v táboře.

Eines Abends schreckte Dub an der Mündung des Tahkeena
ein Kaninchen auf.

Jednoho večera u Tahkeeniných úst Dub vyplašil králíka.

Er verpasste den Fang und das Schneeschuhkaninchen
sprang davon.

Nechytil ho a králík na sněžnicích odskočil pryč.

Innerhalb von Sekunden nahm das gesamte Schlittenteam unter wildem Geschrei die Verfolgung auf.

Během několika sekund se celé spřežení s divokým křikem dalo do pronásledování.

In der Nähe beherbergte ein Lager der Northwest Police fünfzig Huskys.

Nedaleko se v táboře severozápadní policie nacházelo padesát psů husky.

Sie schlossen sich der Jagd an und stürmten gemeinsam den zugefrorenen Fluss hinunter.

Připojili se k lovu a společně se řítili po zamrzlé řece.

Das Kaninchen verließ den Fluss und floh in ein gefrorenes Bachbett.

Králík odbočil z řeky a utíkal zamrzlým korytem potoka.

Das Kaninchen hüpfte leichtfüßig über den Schnee, während die Hunde sich durchkämpften.

Králík lehce poskakoval po sněhu, zatímco se psi prodírali sněhem.

Buck führte das riesige Rudel von sechzig Hunden um jede Kurve.

Buck vedl obrovskou smečku šedesáti psů každou klikatou zatáčkou.

Er drängte tief und eifrig vorwärts, konnte jedoch keinen Boden gutmachen.

Tlačil se vpřed, nízko a dychtivě, ale nemohl se prosadit.

Bei jedem kraftvollen Sprung blitzte sein Körper im blassen Mondlicht auf.

Jeho tělo se s každým silným skokem mihlo v bledém měsíci.

Vor uns bewegte sich das Kaninchen wie ein Geist, lautlos und zu schnell, um es einzufangen.

Před nimi se králík pohyboval jako duch, tichý a příliš rychlý, než aby ho bylo možné chytit.

All diese alten Instinkte – der Hunger, der Nervenkitzel – durchströmten Buck.

Všechny ty staré instinkty – hlad, vzrušení – projely Buckem.

Manchmal verspüren Menschen diesen Instinkt und werden dazu getrieben, mit Gewehr und Kugel zu jagen.

Lidé tento instinkt občas pociťují, jsou hnáni k lovu s puškou a kulkou.

Aber Buck empfand dieses Gefühl auf einer tieferen und persönlicheren Ebene.

Buck ale tento pocit cítil na hlubší a osobnější úrovni.

Sie konnten die Wildnis nicht in ihrem Blut spüren, so wie Buck sie spüren konnte.

Nedokázali cítit divočinu ve své krvi tak, jak ji cítil Buck.

Er jagte lebendes Fleisch, bereit, mit seinen Zähnen zu töten und Blut zu schmecken.

Honil živé maso, připravený zabíjet zuby a ochutnávat krev.

Sein Körper spannte sich vor Freude, er wollte in warmem, rotem Leben baden.

Jeho tělo se napínalo radostí a touhou se vykoupat v teplé rudé vodě života.

Eine seltsame Freude markiert den höchsten Punkt, den das Leben jemals erreichen kann.

Zvláštní radost označuje nejvyšší bod, kterého může život kdy dosáhnout.

Das Gefühl eines Gipfels, bei dem die Lebenden vergessen, dass sie überhaupt am Leben sind.

Pocit vrcholu, kde živí zapomínají, že vůbec žijí.

Diese tiefe Freude berührt den Künstler, der sich in glühender Inspiration verliert.

Tato hluboká radost se dotýká umělce ztraceného v planoucí inspiraci.

Diese Freude ergreift den Soldaten, der wild kämpft und keinen Feind verschont.

Tato radost zmocňuje vojáka, který bojuje divoce a nešetří žádného nepřítele.

Diese Freude erfasste nun Buck, der das Rudel mit seinem Urhunger anführte.

Tato radost nyní zachvátila Bucka, který vedl smečku v prvotním hladu.

Er heulte mit dem uralten Wolfsschrei, aufgeregt durch die lebendige Jagd.

Vyl starodávným vlčím řevem, vzrušený živou honičkou.

Buck hat den ältesten Teil seiner selbst angezapft, der in der Wildnis verloren war.

Buck se napojil na nejstarší část sebe sama, ztracenou v divočině.

Er griff tief in sein Inneres, in die Vergangenheit, in die raue, uralte Zeit.

Sáhl hluboko do svého nitra, za hranice paměti, do syrového, dávného času.

Eine Welle puren Lebens durchströmte jeden Muskel und jede Sehne.

Vlna čistého života projela každým svalem a šlachou.

Jeder Sprung schrie, dass er lebte, dass er durch den Tod ging.

Každý skok křičel, že žije, že se pohybuje skrze smrt.

Sein Körper schwebte freudig über stilles, kaltes Land, das sich nie regte.

Jeho tělo se radostně vznášelo nad tichou, chladnou zemí, která se ani nepohnula.

Spitz blieb selbst in seinen wildesten Momenten kalt und listig.

Spitz zůstával chladnokrevný a lstivý, a to i v těch nejdivočejších chvílích.

Er verließ den Pfad und überquerte das Land, wo der Bach eine weite Biegung machte.

Opustil stezku a přešel pozemek, kde se potok široce stáčel.

Buck, der davon nichts wusste, blieb auf dem gewundenen Pfad des Kaninchens.

Buck, nevědom si toho, zůstal na klikaté králíčí cestě.

Dann, als Buck um eine Kurve bog, stand das geisterhafte Kaninchen vor ihm.

Pak, když Buck zahnul za zatáčku, objevil se před ním králík podobný duchu.

Er sah, wie eine zweite Gestalt vor der Beute vom Ufer sprang.

Viděl druhou postavu, jak vyskočila z břehu před kořistí.

Bei der Gestalt handelte es sich um Spitz, der direkt auf dem Weg des fliehenden Kaninchens landete.

Tou postavou byl Spitz, který přistál přímo v cestě prchajícímu králíkovi.

Das Kaninchen konnte sich nicht umdrehen und traf mitten in der Luft auf Spitz' Kiefer.

Králík se nemohl otočit a ve vzduchu se setkal se Spitzovými čelistmi.

Das Rückgrat des Kaninchens brach mit einem Schrei, der so scharf war wie der Schrei eines sterbenden Menschen.

Králíkovi se zlomila páteř s výkřikem ostrým jako pláč umírajícího člověka.

Bei diesem Geräusch – dem Sturz vom Leben in den Tod – heulte das Rudel laut auf.

Při tom zvuku – pádu ze života do smrti – smečka hlasitě zavyla.

Hinter Buck erhob sich ein wilder Chor voller dunkler Freude.

Z Buckových zády se ozval divoký sbor plný temné radosti.

Buck gab keinen Schrei von sich, keinen Laut, und stürmte direkt auf Spitz zu.

Buck nevydal ani výkřik, ani hlásku a vrhl se přímo na Spitze.

Er zielte auf die Kehle, traf aber stattdessen die Schulter.

Mířil na krk, ale místo toho se trefil do ramene.

Sie stürzten durch den weichen Schnee, ihre Körper waren in einen Kampf verstrickt.

Propadali se měkkým sněhem; jejich těla se sevřela v boji.

Spitz sprang schnell auf, als wäre er nie niedergeschlagen worden.

Spitz rychle vyskočil, jako by ho nikdo nesrazil.

Er schlug auf Bucks Schulter und sprang dann aus dem Kampf.

Sekl Buckovi do ramene a pak seskočil z boje.

Zweimal schnappten seine Zähne wie Stahlfallen, seine Lippen waren grimmig gekräuselt.

Dvakrát mu cvakly zuby jako ocelové pasti, rty se zkřivily a byly zuřivé.

Er wich langsam zurück und suchte festen Boden unter seinen Füßen.

Pomalu couval a hledal pevnou půdu pod nohama.

Buck verstand den Moment sofort und vollkommen.

Buck pochopil tu chvíli okamžitě a plně.

Die Zeit war gekommen; der Kampf würde ein Kampf auf Leben und Tod werden.

Nastal čas; boj se měl konat na život a na smrt.

Die beiden Hunde umkreisten knurrend den Raum, legten die Ohren an und kniffen die Augen zusammen.

Dva psi kroužili kolem, vrčeli, uši stáhly a oči zúžené.

Jeder Hund wartete darauf, dass der andere Schwäche zeigte oder einen Fehltritt machte.

Každý pes čekal, až ten druhý projeví slabost nebo udělá chybný krok.

Buck hatte ein unheimliches Gefühl, die Szene zu kennen und tief in Erinnerung zu behalten.

Buckovi se ta scéna zdála zlověstně známá a hluboce vzpomínaná.

Die weißen Wälder, die kalte Erde, die Schlacht im Mondlicht.

Bílé lesy, studená země, bitva za měsíčního svitu.

Eine schwere Stille erfüllte das Land, tief und unnatürlich.

Krajinu naplnilo těžké ticho, hluboké a nepřirozené.

Kein Wind regte sich, kein Blatt bewegte sich, kein Geräusch unterbrach die Stille.

Ani vítr se nepohnul, žádný list se nepohnul, žádný zvuk nenarušil ticho.

Der Atem der Hunde stieg wie Rauch in die eiskalte, stille Luft.

Psí dech stoupal v mrazivém, tichém vzduchu jako kouř.

Das Kaninchen war von der Meute der wilden Tiere längst vergessen.

Králík byl smečkou divokých zvířat dávno zapomenut.

Diese halb gezähmten Wölfe standen nun still in einem weiten Kreis.

Tito napůl zkrocení vlci nyní stáli nehybně v širokém kruhu.

Sie waren still, nur ihre leuchtenden Augen verrieten ihren Hunger.

Byli tiší, jen jejich zářící oči prozrazovaly jejich hlad.

Ihr Atem stieg auf, als sie den Beginn des Endkampfes beobachteten.

Zatajili dech a sledovali začátek závěrečného boje.

Für Buck war dieser Kampf alt und erwartet, überhaupt nicht ungewöhnlich.

Pro Bucka byla tato bitva stará a očekávaná, vůbec ne divná.

Es fühlte sich an wie die Erinnerung an etwas, das schon immer passieren sollte.

Připadalo mi to jako vzpomínka na něco, co se mělo vždycky stát.

Spitz war ein ausgebildeter Kampfhund, gestählt durch zahllose wilde Schlägereien.

Špic byl vycvičený bojový pes, zdokonalený nesčetnými divokými rvačkami.

Von Spitzbergen bis Kanada hatte er viele Feinde besiegt.

Od Špicberk až po Kanadu si porazil mnoho nepřátel.

Er war voller Wut, ließ seiner Wut jedoch nie freien Lauf.

Byl plný vzteku, ale nikdy se nedal ovládnout.

Seine Leidenschaft war scharf, aber immer durch einen harten Instinkt gemildert.

Jeho vášeň byla bystrá, ale vždycky ji tlumil tvrdý instinkt.

Er griff nie an, bis seine eigene Verteidigung stand.

Nikdy neútočil, dokud si nebyl připraven sám se bránit.

Buck versuchte immer wieder, Spitz' verwundbaren Hals zu erreichen.

Buck se znovu a znovu pokoušel dosáhnout na Spitzův zranitelný krk.

Doch jeder Schlag wurde von Spitz' scharfen Zähnen mit einem Hieb beantwortet.

Ale každý úder se setkal s prudkým seknutím Spitzových ostrých zubů.

Ihre Reißzähne prallten aufeinander und beide Hunde
bluteten aus den aufgerissenen Lippen.

Jejich tesáky se střetly a oběma psům tekla krev z roztržených
rtů.

Egal, wie sehr Buck sich auch wehrte, er konnte die
Verteidigung nicht durchbrechen.

Ať se Buck vrhal jakkoli, nedokázal obranu prolomit.

Er wurde immer wütender und stürmte mit wilden
Kraftausbrüchen hinein.

Zuřil čím dál víc a vrhal se do toho s divokými výbuchy síly.

Immer wieder schlug Buck nach der weißen Kehle von
Spitz.

Buck znovu a znovu útočil na Špicovo bílé hrdlo.

Jedes Mal wich Spitz aus und schlug mit einem
schneidenden Biss zurück.

Spitz se pokaždé vyhnul a udeřil zpět ostrým kousnutím.

Dann änderte Buck seine Taktik und stürzte sich erneut
darauf, als wolle er ihm die Kehle zu Leibe rücken.

Pak Buck změnil taktiku a znovu se vrhl, jako by mu chtěl
sevřít po krku.

Doch er zog sich mitten im Angriff zurück und drehte sich
um, um von der Seite zuzuschlagen.

Ale uprostřed útoku se stáhl a otočil se k úderu ze strany.

Er warf Spitz seine Schulter entgegen, um ihn
niederzuschlagen.

Ramenem narazil do Spitze s cílem ho srazit k zemi.

Bei jedem Versuch wich Spitz aus und konterte mit einem
Hieb.

Pokaždé, když se o to pokusil, Spitz se vyhnul a kontroval
seknutím.

Bucks Schulter wurde wund, als Spitz nach jedem Schlag
davonsprang.

Bucka bolelo rameno, když Spitz po každém zásahu odskočil.

Spitz war nicht berührt worden, während Buck aus vielen
Wunden blutete.

Spitze se nikdo nedotkl, zatímco Buck krvácel z mnoha ran.

Bucks Atem ging schnell und schwer, sein Körper war blutverschmiert.

Buck lapal po dechu rychle a těžce, tělo měl kluzké od krve.

Mit jedem Biss und Angriff wurde der Kampf brutaler.

Souboj se s každým kousnutím a útokem stával brutálnějším.

Um sie herum warteten sechzig stille Hunde darauf, dass der erste fiel.

Kolem nich šedesát tichých psů čekalo, až padnou první.

Wenn ein Hund zu Boden ging, würde das Rudel den Kampf beenden.

Pokud by jeden pes upadl, smečka by boj dokončila.

Spitz sah, dass Buck schwächer wurde, und begann, den Angriff voranzutreiben.

Spitz viděl, jak Buck slábne, a začal tlačit do útoku.

Er brachte Buck aus dem Gleichgewicht und zwang ihn, um Halt zu kämpfen.

Zvedl Bucka z rovnováhy a donutil ho bojovat o stabilitu.

Einmal stolperte Buck und fiel, und alle Hunde standen auf.

Jednou Buck zakopl a upadl a všichni psi vstali.

Doch Buck richtete sich mitten im Fall auf und alle sanken wieder zu Boden.

Ale Buck se v polovině pádu vzpamatoval a všichni se zase snesli dolů.

Buck hatte etwas Seltenes – eine Vorstellungskraft, die aus tiefem Instinkt geboren war.

Buck měl něco vzácného – představivost zrozenou z hlubokého instinktu.

Er kämpfte mit natürlichem Antrieb, aber auch mit List.

Bojoval s přirozeným pudem, ale bojoval také s lstí.

Er griff erneut an, als würde er seinen Schulterangriffstrick wiederholen.

Znovu se vrhl do útoku, jako by opakoval svůj trik s útokem ramenem.

Doch in der letzten Sekunde ließ er sich fallen und flog unter Spitz hindurch.

Ale v poslední vteřině se snesl nízko a proplétal se pod Spitzem.

Seine Zähne schnappten um Spitz' linkes Vorderbein.
Jeho zuby se s cvaknutím zaryly do Spitzovy přední levé
nohy.
**Spitz stand nun unsicher da, sein Gewicht ruhte nur noch
auf drei Beinen.**
Spitz teď stál nejistě, opíraje se pouze o tři nohy.
**Buck schlug erneut zu und versuchte dreimal, ihn zu Fall zu
bringen.**
Buck znovu udeřil a třikrát se ho pokusil srazit k zemi.
Beim vierten Versuch nutzte er denselben Zug mit Erfolg
Na čtvrtý pokus úspěšně použil stejný tah.
Diesmal gelang es Buck, Spitz in das rechte Bein zu beißen.
Tentokrát se Buckovi podařilo kousnout Spitzovi do pravé
nohy.
**Obwohl Spitz verkrüppelt war und große Schmerzen litt,
kämpfte er weiter ums Überleben.**
Spitz, ačkoli byl zmrzačený a trpěl bolestmi, se stále snažil
přežít.
**Er sah, wie der Kreis der Huskys enger wurde, die Zungen
herausstreckten und deren Augen leuchteten.**
Viděl, jak se kruh huskyů stahuje, vyplazené jazyky a zářící
oči.
**Sie warteten darauf, ihn zu verschlingen, so wie sie es mit
anderen getan hatten.**
Čekali, aby ho mohli pohltit, stejně jako to udělali s ostatními.
Dieses Mal stand er im Mittelpunkt: besiegt und verdammt.
Tentokrát stál uprostřed; poražený a odsouzený k záhubě.
**Für den weißen Hund gab es jetzt keine Möglichkeit mehr
zu entkommen.**
Bílý pes teď neměl jinou možnost útěku.
**Buck kannte keine Gnade, denn Gnade hatte in der Wildnis
nichts zu suchen.**
Buck neprojevoval žádné slitování, neboť slitování do
divočiny nepatří.
**Buck bewegte sich vorsichtig und bereitete sich auf den
letzten Angriff vor.**

Buck se opatrně pohyboval a připravoval se na závěrečný útok.

Der Kreis der Huskys schloss sich, er spürte ihren warmen Atem.

Kruh huskyů se sevřel; cítil jejich teplý dech.

Sie duckten sich und waren bereit, im richtigen Moment zu springen.

Schoulili se, připraveni skočit, až přijde ta správná chvíle.

Spitz zitterte im Schnee, knurrte und veränderte seine Haltung.

Spitz se třásl ve sněhu, vrčel a měnil postoj.

Seine Augen funkelten, seine Lippen waren gekräuselt und seine Zähne blitzten in verzweifelter Drohung.

Jeho oči zářily, rty byly zkřivené a zuby se blýskaly zoufalou hrozbou.

Er taumelte und versuchte immer noch, dem kalten Biss des Todes standzuhalten.

Zavrávoral a stále se snažil zadržet chladný kousnutí smrti.

Er hatte das schon früher erlebt, aber immer von der Gewinnerseite.

Už tohle viděl dřív, ale vždycky z vítězné strany.

Jetzt war er auf der Verliererseite, der Besiegte, die Beute, der Tod.

Teď byl na straně poražených; poražených; kořisti; smrti.

Buck umkreiste ihn für den letzten Schlag, der Hundekreis rückte näher.

Buck kroužil k poslednímu úderu, kruh psů se přiblížil.

Er konnte ihren heißen Atem spüren; bereit zum Töten.

Cítil jejich horký dech; připraveni zabít.

Stille breitete sich aus; alles war an seinem Platz; die Zeit war stehen geblieben.

Nastalo ticho; všechno bylo na svém místě; čas se zastavil.

Sogar die kalte Luft zwischen ihnen gefror für einen letzten Moment.

Dokonce i studený vzduch mezi nimi na poslední okamžik ztuhl.

Nur Spitz bewegte sich und versuchte, sein bitteres Ende abzuwenden.

Pohyboval se jen Spitz a snažil se oddálit svůj hořký konec.

Der Kreis der Hunde schloss sich um ihn, und das war sein Schicksal.

Kruh psů se kolem něj svíral, stejně jako jeho osud.

Er war jetzt verzweifelt, da er wusste, was passieren würde.

Byl teď zoufalý, věděl, co se stane.

Buck sprang hinein, Schulter an Schulter traf ein letztes Mal.

Buck vskočil dovnitř a naposledy se ramenem setkal.

Die Hunde drängten vorwärts und deckten Spitz in der verschneiten Dunkelheit.

Psi se vrhli vpřed a zakryli Spitze v zasněžené tmě.

Buck sah zu, aufrecht stehend; der Sieger in einer wilden Welt.

Buck se díval, stojící vzpřímeně; vítěz v divokém světě.

Das dominante Urtier hatte seine Beute gemacht, und es war gut.

Dominantní prvotní bestie ulovila kořist a bylo to dobré.

Wer die Meisterschaft erlangt hat
Ten, kdo dosáhl mistrovství

„Wie? Was habe ich gesagt? Ich sage die Wahrheit, wenn ich
sage, dass Buck ein Teufel ist."
„Eh? Co jsem to říkal? Mluvím pravdu, když říkám, že Buck je
ďábel."
**François sagte dies am nächsten Morgen, nachdem er
festgestellt hatte, dass Spitz verschwunden war.**
François to řekl následující ráno poté, co zjistil, že Spitz
zmizel.
**Buck stand da, übersät mit Wunden aus dem erbitterten
Kampf.**
Buck tam stál, pokrytý ranami z nelítostného boje.
**François zog Buck zum Feuer und zeigte auf die
Verletzungen.**
François přitáhl Bucka k ohni a ukázal na zranění.
„Dieser Spitz hat gekämpft wie der Devik", sagte Perrault
und beäugte die tiefen Schnittwunden.
„Ten Spitz bojoval jako Devik," řekl Perrault a prohlížel si
hluboké rány.
„Und dieser Buck hat wie zwei Teufel gekämpft",
antwortete François sofort.
„A ten Buck se pral jako dva ďáblové," odpověděl François
okamžitě.
„Jetzt kommen wir gut voran; kein Spitz mehr, kein Ärger
mehr."
„Teď už to zvládneme dobře; už žádný Spitz, žádné další
potíže."
**Perrault packte die Ausrüstung und belud den Schlitten
sorgfältig.**
Perrault balil vybavení a opatrně nakládal saně.
François spannte die Hunde für den Lauf des Tages an.
François postrojil psy a připravil je na dnešní běh.
**Buck trabte direkt an die Führungsposition, die einst Spitz
innehatte.**

Buck klusal rovnou na vedoucí pozici, kterou dříve držel Spitz.

Doch François bemerkte es nicht und führte Solleks nach vorne.

Ale François si toho nevšiml a vedl Sollekse dopředu.

Nach François' Einschätzung war Solleks nun der beste Leithund.

Podle Françoisova úsudku byl Solleks nyní nejlepším vodicím psem.

Buck stürzte sich wütend auf Solleks und trieb ihn aus Protest zurück.

Buck se na Solleksa rozzuřeně vrhl a na protest ho zatlačil zpět.

Er stand dort, wo einst Spitz gestanden hatte, und beanspruchte die Führungsposition.

Stál tam, kde kdysi stál Spitz, a nárokoval si vedoucí pozici.

„Wie? Wie?", rief François und schlug sich amüsiert auf die Schenkel.

„Cože? Cože?" zvolal François a pobaveně se plácal po stehnech.

„Sehen Sie sich Buck an – er hat Spitz umgebracht und jetzt will er ihm den Job wegnehmen!"

„Podívejte se na Bucka – zabil Spitze a teď chce vzít tu práci!"

„Geh weg, Chook!", schrie er und versuchte, Buck zu vertreiben.

„Jdi pryč, Chooku!" křičel a snažil se Bucka odehnat.

Aber Buck weigerte sich, sich zu bewegen und blieb fest im Schnee stehen.

Ale Buck se odmítl pohnout a pevně stál ve sněhu.

François packte Buck am Genick und zog ihn beiseite.

François chytil Bucka za kůži a odtáhl ho stranou.

Buck knurrte leise und drohend, griff aber nicht an.

Buck tiše a výhružně zavrčel, ale nezaútočil.

François brachte Solleks wieder in Führung und versuchte, den Streit zu schlichten

François dostal Solleks zpět do vedení a snažil se urovnat spor.

Der alte Hund zeigte Angst vor Buck und wollte nicht bleiben.

Starý pes projevoval strach z Bucka a nechtěl zůstat.

Als François ihm den Rücken zuwandte, verjagte Buck Solleks wieder.

Když se François otočil zády, Buck Solleksa znovu vyhnal.

Solleks leistete keinen Widerstand und trat erneut leise zur Seite.

Solleks se nebránil a tiše znovu ustoupil stranou.

François wurde wütend und schrie: „Bei Gott, ich werde dich heilen!"

François se rozzlobil a vykřikl: „Při Bohu, já tě vyléčím!"

Er kam mit einer schweren Keule in der Hand auf Buck zu.

Přistoupil k Buckovi a v ruce držel těžký kyj.

Buck erinnerte sich gut an den Mann im roten Pullover.

Buck si muže v červeném svetru dobře pamatoval.

Er zog sich langsam zurück, beobachtete François, knurrte jedoch tief.

Pomalu ustupoval, pozoroval Françoise, ale hluboce vrčel.

Er eilte nicht zurück, auch nicht, als Solleks an seiner Stelle stand.

Nespěchal zpět, ani když Solleks stál na jeho místě.

Buck kreiste knapp außerhalb seiner Reichweite und knurrte wütend und protestierend.

Buck kroužil těsně mimo jejich dosah a vrčel vzteky a protestem.

Er behielt den Schläger im Auge und war bereit auszuweichen, falls François warf.

Nepřetržitě sledoval hůl, připravený uhnout, kdyby François hodil.

Er war weise und vorsichtig geworden im Umgang mit bewaffneten Männern.

Zmoudřel a zpozorněl, co se týče způsobů ozbrojených mužů.

François gab auf und rief Buck erneut an seinen alten Platz.

François to vzdal a znovu zavolal Bucka na své dřívější místo.

Aber Buck trat vorsichtig zurück und weigerte sich, dem Befehl Folge zu leisten.

Buck ale opatrně ustoupil a odmítl uposlechnout rozkaz.

François folgte ihm, aber Buck wich nur ein paar Schritte zurück.

François ho následoval, ale Buck ustoupil jen o pár kroků.

Nach einiger Zeit warf François frustriert die Waffe hin.

Po nějaké době François ve frustraci odhodil zbraň.

Er dachte, Buck hätte Angst vor einer Tracht Prügel und würde ruhig kommen.

Myslel si, že se Buck bojí výprasku a že přijde potichu.

Aber Buck wollte sich nicht vor einer Strafe drücken – er kämpfte um seinen Rang.

Buck se ale trestu nevyhýbal – bojoval o hodnost.

Er hatte sich den Platz als Leithund durch einen Kampf auf Leben und Tod verdient

Místo vůdčího psa si vysloužil bojem na život a na smrt.

er würde sich mit nichts Geringerem zufrieden geben, als der Anführer zu sein.

Nehodlán se spokojit s ničím menším než s tím, že bude vůdcem.

Perrault beteiligte sich an der Verfolgung, um den rebellischen Buck zu fangen.

Perrault se zapojil do honičky, aby pomohl chytit vzpurného Bucka.

Gemeinsam ließen sie ihn fast eine Stunde lang durch das Lager laufen.

Společně ho téměř hodinu vodili po táboře.

Sie warfen Knüppel nach ihm, aber Buck wich jedem Schlag geschickt aus.

Házeli po něm kyje, ale Buck se každé z nich obratně vyhnul.

Sie verfluchten ihn, seine Vorfahren, seine Nachkommen und jedes Haar an ihm.

Prokleli jeho, jeho předky, jeho potomky a každý jeho vlas.

Aber Buck knurrte nur zurück und blieb gerade außerhalb ihrer Reichweite.

Ale Buck jen zavrčel a držel se těsně mimo jejich dosah.

Er versuchte nie wegzulaufen, sondern umkreiste das Lager
absichtlich.
Nikdy se nepokusil utéct, ale úmyslně tábor kroužil.
Er machte klar, dass er gehorchen würde, sobald sie ihm
gäben, was er wollte.
Dal jasně najevo, že poslechne, jakmile mu dají, co chce.
Schließlich setzte sich François hin und kratzte sich
frustriert am Kopf.
François se konečně posadil a frustrovaně se poškrábal na
hlavě.
Perrault sah auf seine Uhr, fluchte und murmelte etwas über
die verlorene Zeit.
Perrault se podíval na hodinky, zaklel a zamumlal si něco o
ztraceném čase.
Obwohl sie eigentlich auf der Spur sein sollten, war bereits
eine Stunde vergangen.
Už uplynula hodina, kdy měli být na stezce.
François zuckte verlegen mit den Achseln, als der Kurier
resigniert seufzte.
François ostýchavě pokrčil rameny směrem k kurýrovi, který
si porážečně povzdechl.
Dann ging François zu Solleks und rief Buck noch einmal.
Pak François přešel k Solleksovi a znovu zavolal na Bucka.
Buck lachte wie ein Hund, wahrte jedoch vorsichtig seine
Distanz.
Buck se smál jako pes, ale držel si opatrný odstup.
François nahm Solleks das Geschirr ab und brachte ihn an
seinen Platz zurück.
François sundal Solleksovi postroj a vrátil ho na jeho místo.
Das Schlittenteam stand voll angespannt da, nur ein Platz
war unbesetzt.
Spřežení stálo plně zapřažené, jen jedno místo bylo
neobsazené.
Die Führungsposition blieb leer und war eindeutig nur für
Buck bestimmt.
Vedoucí pozice zůstala prázdná, zjevně určená pouze pro
Bucka.

François rief erneut, und wieder lachte Buck und blieb standhaft.

François zavolal znovu a Buck se znovu zasmál a stál na svém.

„Wirf die Keule weg", befahl Perrault ohne zu zögern.

„Hoďte klackem dolů," nařídil Perrault bez váhání.

François gehorchte und Buck trabte sofort stolz vorwärts.

François poslechl a Buck okamžitě hrdě vyklusal vpřed.

Er lachte triumphierend und übernahm die Führungsposition.

Vítězně se zasmál a zaujal vedoucí pozici.

François befestigte seine Leinen und der Schlitten wurde losgerissen.

François si zajistil stopy a sáně se uvolnily.

Beide Männer liefen neben dem Team her, als es auf den Flusspfad rannte.

Oba muži běželi vedle nich, když se tým hnal na stezku podél řeky.

François hatte Bucks „zwei Teufel" sehr geschätzt,

François si Buckových „dvou ďáblů" vážil.

aber er merkte bald, dass er den Hund tatsächlich unterschätzt hatte.

ale brzy si uvědomil, že psa ve skutečnosti podcenil.

Buck übernahm schnell die Führung und erbrachte hervorragende Leistungen.

Buck se rychle ujal vedení a podával vynikající výkony.

In puncto Urteilsvermögen, schnelles Denken und schnelles Handeln übertraf Buck Spitz.

V úsudku, rychlém myšlení a rychlé akci Buck Spitze předčil.

François hatte noch nie einen Hund gesehen, der dem von Buck gleichkam.

François nikdy neviděl psa rovného tomu, jakého teď Buck předváděl.

Aber Buck war wirklich herausragend darin, für Ordnung zu sorgen und Respekt zu erlangen.

Buck ale skutečně vynikal v prosazování pořádku a vzbuzování respektu.

Dave und Solleks akzeptierten die Änderung ohne
Bedenken oder Protest.
Dave a Solleks změnu přijali bez obav a protestů.
Sie konzentrierten sich nur auf die Arbeit und zogen kräftig
die Zügel an.
Soustředili se jen na práci a tvrdě tahali za otěže.
Es war ihnen egal, wer führte, solange der Schlitten in
Bewegung blieb.
Moc jim nezáleželo na tom, kdo vede, hlavně aby se sáně
pohybovaly.
Billee, der Fröhliche, hätte, soweit es sie interessierte, die
Führung übernehmen können.
Billee, ta veselá, mohla vést, ať jim bylo cokoliv.
Was ihnen wichtig war, waren Frieden und Ordnung in den
Reihen.
Záleželo jim na klidu a pořádku v řadách.

Der Rest des Teams war während Spitz' Niedergang
unbändig geworden.
Zbytek týmu se během Spitzova úpadku stal neposlušným.
Sie waren schockiert, als Buck sie sofort zur Ordnung rief.
Byli šokováni, když je Buck okamžitě uvedl do pořádku.
Pike war immer faul gewesen und hatte Buck
hinterhergehangen.
Pike byl vždycky líný a vlekl se za Buckem.
Doch nun wurde er von der neuen Führung scharf
diszipliniert.
Ale nyní byl novým vedením ostře potrestán.
Und er lernte schnell, seinen Teil zum Team beizutragen.
A rychle se naučil v týmu hrát klíčovou roli.
Am Ende des Tages hatte Pike härter gearbeitet als je zuvor.
Na konci dne Pike pracoval tvrději než kdy jindy.
In dieser Nacht im Lager wurde Joe, der mürrische Hund,
endlich beruhigt.
Té noci v táboře byl Joe, ten kyselý pes, konečně zkrocen.
Spitz hatte es nicht geschafft, ihn zu disziplinieren, aber
Buck versagte nicht.

Spitz ho nedokázal potrestat, ale Buck nezklamal.

Durch die Nutzung seines größeren Gewichts überwältigte Buck Joe in Sekundenschnelle.

Buck využil své větší váhy a během několika sekund Joea přemohl.

Er biss und schlug Joe, bis dieser wimmerte und aufhörte, sich zu wehren.

Kousal a tloukl Joea, dokud nezakňoural a nepřestal se bránit.

Von diesem Moment an verbesserte sich das gesamte Team.

Celý tým se od té chvíle zlepšil.

Die Hunde erlangten ihre alte Einheit und Disziplin zurück.

Psi znovu získali svou starou jednotu a disciplínu.

In Rink Rapids kamen zwei neue einheimische Huskies hinzu, Teek und Koona.

V Rink Rapids se připojili dva noví původní huskyové, Teek a Koona.

Bucks schnelle Ausbildung erstaunte sogar François.

Buckův rychlý výcvik ohromil i Françoise.

„So einen Hund wie diesen Buck hat es noch nie gegeben!", rief er erstaunt.

„Nikdy tu nebyl takový pes jako tenhle Buck!" zvolal s úžasem.

„Nein, niemals! Er ist tausend Dollar wert, bei Gott!"

„Ne, nikdy! Vždyť má hodnotu tisíc dolarů, proboha!"

„Wie? Was sagst du dazu, Perrault?", fragte er stolz.

„Cože? Co říkáte, Perraulte?" zeptal se s hrdostí.

Perrault nickte zustimmend und überprüfte seine Notizen.

Perrault souhlasně přikývl a zkontroloval si poznámky.

Wir liegen bereits vor dem Zeitplan und kommen täglich weiter voran.

Už teď předbíháme plán a každý den získáváme další.

Der Weg war festgestampft und glatt, es lag kein Neuschnee.

Stezka byla zpevněná a hladká, bez čerstvého sněhu.

Es war konstant kalt und lag die ganze Zeit bei minus fünfzig Grad.

Chlad byl stálý a po celou dobu se pohyboval kolem padesáti stupňů pod nulou.

Die Männer ritten und rannten abwechselnd, um sich warm zu halten und Zeit zu gewinnen.

Muži se střídali v jízdě a běhu, aby se zahřáli a udělali si čas.

Die Hunde rannten schnell, mit wenigen Pausen, immer vorwärts.

Psi běželi rychle s několika málo zastávkami a neustále se tlačili vpřed.

Der Thirty Mile River war größtenteils zugefroren und leicht zu überqueren.

Řeka Třicet mil byla většinou zamrzlá a snadno se přes ni dalo cestovat.

Was zehn Tage gedauert hatte, wurde an einem Tag verschickt.

Odešli během jednoho dne, zatímco příjezd jim trval deset dní.

Sie legten einen sechsundneunzig Kilometer langen Sprint vom Lake Le Barge nach White Horse zurück.

Urazili šedesát mil od jezera Le Barge k Bílému koni.

Sie bewegten sich unglaublich schnell über die Seen Marsh, Tagish und Bennett.

Přes jezera Marsh, Tagish a Bennett se pohybovali neuvěřitelně rychle.

Der laufende Mann wird an einem Seil hinter dem Schlitten hergezogen.

Běžící muž táhl saně na laně.

In der letzten Nacht der zweiten Woche erreichten sie ihr Ziel.

Poslední noc druhého týdne dorazili do cíle.

Sie hatten gemeinsam die Spitze des White Pass erreicht.

Společně dosáhli vrcholu Bílého průsmyku.

Sie sanken auf Meereshöhe hinab, mit den Lichtern von Skaguay unter ihnen.

Klesli na hladinu moře se světly Skaguaye pod sebou.

Es war ein Rekordlauf durch kilometerlange kalte Wildnis.

Byl to rekordní běh napříč kilometry chladné divočiny.

An vierzehn aufeinanderfolgenden Tagen legten sie im Durchschnitt satte vierundsechzig Kilometer zurück.

Čtrnáct dní v kuse urazili v průměru silných šedesát mil.

In Skaguay transportierten Perrault und François Fracht durch die Stadt.

Ve Skaguay přepravovali Perrault a François náklad městem.

Die bewundernde Menge jubelte ihnen zu und bot ihnen viele Getränke an.

Obdivující davy je povzbuzovaly a nabízely jim mnoho nápojů.

Hundefänger und Arbeiter versammelten sich um das berühmte Hundegespann.

Lovci psů a pracovníci se shromáždili kolem slavného psího spřežení.

Dann kamen Gesetzlose aus dem Westen in die Stadt und erlitten eine brutale Niederlage.

Pak do města přišli západní zločinci a utrpěli tuhou porážku.

Die Leute vergaßen bald das Team und konzentrierten sich auf neue Dramen.

Lidé brzy zapomněli na tým a soustředili se na nové drama.

Dann kamen die neuen Befehle, die alles auf einen Schlag veränderten.

Pak přišly nové rozkazy, které všechno najednou změnily.

François rief Buck zu sich und umarmte ihn mit tränenreichem Stolz.

François si k sobě zavolal Bucka a s hrdostí, která se mu do očí do očí, ho objal.

In diesem Moment sah Buck François zum letzten Mal wieder.

V tom okamžiku Buck Françoise viděl naposledy.

Wie viele Männer zuvor waren sowohl François als auch Perrault nicht mehr da.

Stejně jako mnoho mužů předtím, i François i Perrault byli pryč.

Ein schottischer Mischling übernahm das Kommando über Buck und seine Schlittenhunde-Kollegen.

Skotský míšenec se ujal vedení Bucka a jeho kolegů ze psího spřežení.

Mit einem Dutzend anderer Hundegespanne kehrten sie auf dem Weg nach Dawson zurück.

S tuctem dalších psích spřežení se vrátili po stezce do Dawsonu.

Es war kein Schnelllauf mehr, sondern harte Arbeit mit einer schweren Last jeden Tag.

Teď to nebyl žádný rychlý běh – jen těžká dřina s těžkým nákladem každý den.

Dies war der Postzug, der den Goldsuchern in der Nähe des Pols Nachrichten brachte.

Toto byl poštovní vlak, který přivážel zprávy lovcům zlata blízko pólu.

Buck mochte die Arbeit nicht, ertrug sie jedoch gut und war stolz auf seine Leistung.

Buck tu práci neměl rád, ale snášel ji dobře a byl na svou snahu hrdý.

Wie Dave und Solleks zeigte Buck Hingabe bei jeder täglichen Aufgabe.

Stejně jako Dave a Solleks, i Buck projevoval oddanost každému každodennímu úkolu.

Er stellte sicher, dass jeder seiner Teamkollegen seinen Teil beitrug.

Ujistil se, že každý z jeho spoluhráčů odvedl svou práci.

Das Leben auf dem Trail wurde langweilig und wiederholte sich mit der Präzision einer Maschine.

Život na stezkách se stal nudným, opakujícím se s přesností stroje.

Jeder Tag fühlte sich gleich an, ein Morgen ging in den nächsten über.

Každý den se zdál stejný, jedno ráno splývalo s dalším.

Zur gleichen Stunde standen die Köche auf, um Feuer zu machen und Essen zuzubereiten.

Ve stejnou hodinu vstali kuchaři, aby rozdělali oheň a připravili jídlo.

Nach dem Frühstück verließen einige das Lager, während andere die Hunde anspannten.

Po snídani někteří opustili tábor, zatímco jiní zapřahli psy.

Sie machten sich auf den Weg, bevor die schwache Morgendämmerung den Himmel berührte.

Vydali se na stezku dříve, než se oblohy dotklo slabé varování před úsvitem.

Nachts hielten sie an, um ihr Lager aufzuschlagen, wobei jeder Mann eine festgelegte Aufgabe hatte.

V noci se zastavili, aby si postavili tábor, každý muž s pevně stanovenou povinností.

Einige stellten die Zelte auf, andere hackten Feuerholz und sammelten Kiefernzweige.

Někteří stavěli stany, jiní káceli dříví a sbírali borové větve.

Zum Abendessen wurde den Köchen Wasser oder Eis mitgebracht.

Na večeři se kuchařům nosila voda nebo led.

Die Hunde wurden gefüttert und das war für sie der schönste Teil des Tages.

Psi byli nakrmeni a tohle pro ně byla nejlepší část dne.

Nachdem sie Fisch gegessen hatten, entspannten sich die Hunde und machten es sich in der Nähe des Feuers gemütlich.

Poté, co snědli rybu, si psi odpočinuli a lenošili u ohně.

Im Konvoi waren noch hundert andere Hunde, unter die man sich mischen konnte.

V konvoji bylo dalších sto psů, se kterými se dalo vmísit.

Viele dieser Hunde waren wild und kämpften ohne Vorwarnung.

Mnoho z těchto psů bylo divokých a rychlých do boje bez varování.

Doch nach drei Siegen war Buck selbst den härtesten Kämpfern überlegen.

Ale po třech vítězstvích Buck zvládl i ty nejzuřivější bojovníky.

Als Buck nun knurrte und die Zähne fletschte, traten sie zur Seite.

Když Buck zavrčel a ukázal zuby, ustoupili stranou.

Und das Beste war vielleicht, dass Buck es liebte, neben dem flackernden Lagerfeuer zu liegen.

Snad ze všeho nejvíc Buck miloval ležení u mihotavého ohně.

Er hockte mit angezogenen Hinterbeinen und nach vorne gestreckten Vorderbeinen.

Dřepěl se se zastrčenými zadními nohami a nataženými předními vpřed.

Er hatte den Kopf erhoben und blinzelte sanft in die glühenden Flammen.

Zvedl hlavu a tiše zamrkal na zářící plameny.

Manchmal musste er an Richter Millers großes Haus in Santa Clara denken.

Někdy si vzpomínal na velký dům soudce Millera v Santa Claře.

Er dachte an den Zementpool, an Ysabel und den Mops namens Toots.

Myslel na betonový bazén, na Ysabel a mopse jménem Toots.

Aber häufiger musste er an die Keule des Mannes mit dem roten Pullover denken.

Ale častěji si vzpomínal na muže s kyjem v červeném svetru.

Er erinnerte sich an Curlys Tod und seinen erbitterten Kampf mit Spitz.

Vzpomněl si na Kudrnatýho smrt a jeho zuřivý boj se Spitzem.

Er erinnerte sich auch an das gute Essen, das er gegessen hatte oder von dem er immer noch träumte.

Také si vzpomněl na dobré jídlo, které jedl nebo o kterém stále snil.

Buck hatte kein Heimweh – das warme Tal war weit weg und unwirklich.

Buckovi se nestýskalo po domově – teplé údolí bylo vzdálené a neskutečné.

Die Erinnerungen an Kalifornien hatten keine große Anziehungskraft mehr auf ihn.

Vzpomínky na Kalifornii ho už žádnou skutečnou přitažlivost neměly.

Stärker als die Erinnerung waren die tief in seinem Blut verwurzelten Instinkte.

Silnější než paměť byly instinkty hluboko v jeho krevní linii.

Einst verlorene Gewohnheiten waren zurückgekehrt und durch den Weg und die Wildnis wiederbelebt worden.

Zvyky kdysi ztracené se vrátily, oživené stezkou a divočinou.

Während Buck das Feuerlicht betrachtete, veränderte sich seine Wahrnehmung manchmal.

Když Buck pozoroval světlo ohně, občas se to stávalo něčím jiným.

Er sah im Feuerschein ein anderes Feuer, älter und tiefer als das gegenwärtige.

Ve světle ohně spatřil další oheň, starší a hlubší než ten současný.

Neben dem anderen Feuer hockte ein Mann, der anders aussah als der Mischlingskoch.

Vedle toho druhého ohně se krčil muž, nepodobný míšenému kuchaři.

Diese Figur hatte kurze Beine, lange Arme und harte, verknotete Muskeln.

Tato postava měla krátké nohy, dlouhé paže a pevné, zauzlené svaly.

Sein Haar war lang und verfilzt und fiel von den Augen nach hinten ab.

Jeho vlasy byly dlouhé a zacuchané, splývavé od očí.

Er gab seltsame Geräusche von sich und starrte voller Angst in die Dunkelheit.

Vydával zvláštní zvuky a s hrůzou zíral do tmy.

Er hielt eine Steinkeule tief in seiner langen, rauen Hand fest.

V dlouhé drsné ruce pevně svíral kamennou kyj nízko.

Der Mann trug wenig, nur eine verkohlte Haut, die ihm den Rücken hinunterhing.

Muž měl na sobě jen málo věcí; jen spálenou kůži, která mu visela po zádech.

Sein Körper war an Armen, Brust und Oberschenkeln mit dichtem Haar bedeckt.

Jeho tělo bylo pokryto hustými chlupy na pažích, hrudi a stehnech.

Einige Teile des Haares waren zu rauen Fellbüscheln verfilzt.

Některé části vlasů byly zacuchané do chomáčků drsné srsti.

Er stand nicht gerade, sondern war von der Hüfte bis zu den Knien nach vorne gebeugt.

Nestál rovně, ale předkloněný od boků ke kolenům.

Seine Schritte waren federnd und katzenartig, als wäre er immer zum Sprung bereit.

Jeho kroky byly pružné a kočičí, jako by byl vždy připraven ke skoku.

Er war in höchster Wachsamkeit, als lebte er in ständiger Angst.

Byla v něm silná bdělost, jako by žil v neustálém strachu.

Dieser alte Mann schien mit Gefahr zu rechnen, ob er die Gefahr nun sah oder nicht.

Zdálo se, že tento starý muž očekává nebezpečí, ať už ho viděl, nebo ne.

Manchmal schlief der haarige Mann am Feuer, den Kopf zwischen die Beine gesteckt.

Chlupatý muž občas spal u ohně s hlavou schovanou mezi nohama.

Seine Ellbogen ruhten auf seinen Knien, die Hände waren über seinem Kopf gefaltet.

Lokty měl opřené o kolena, ruce sepjaté nad hlavou.

Wie ein Hund benutzte er seine haarigen Arme, um den fallenden Regen abzuschütteln.

Jako pes používal své chlupaté paže, aby se zbavil padajícího deště.

Hinter dem Feuerschein sah Buck zwei Kohlen im Dunkeln glühen.

Za světlem ohně Buck uviděl ve tmě dva žhnoucí uhlíky.

Immer zu zweit, waren sie die Augen der sich anpirschenden Raubtiere.

Vždy dva po dvou, byly to oči číhajících dravých zvířat.

Er hörte, wie Körper durchs Unterholz krachten und Geräusche in der Nacht.

Slyšel těla padající křovím a zvuky vydávané v noci.

Buck lag blinzelnd am Ufer des Yukon und träumte am Feuer.

Buck ležel na břehu Yukonu a mrkal u ohně a snil.

Die Anblicke und Geräusche dieser wilden Welt ließen ihm die Haare zu Berge stehen.

Z pohledu a zvuků toho divokého světa se mu ježily vlasy.

Das Fell stand ihm über den Rücken, die Schultern und den Hals hinauf.

Srst se mu zježila po zádech, ramenou a krku.

Er wimmerte leise oder gab ein tiefes Knurren aus der Brust von sich.

Tiše kňučel nebo hluboko v hrudi tiše zavrčel.

Dann rief der Mischlingskoch: „Hey, du Buck, wach auf!"

Pak míšenec kuchař vykřikl: „Hej, ty Bucku, vstávej!"

Die Traumwelt verschwand und das wirkliche Leben kehrte in Bucks Augen zurück.

Svět snů zmizel a Buckovi se do očí vrátil skutečný život.

Er wollte aufstehen, sich strecken und gähnen, als wäre er aus einem Nickerchen erwacht.

Chystal se vstát, protáhnout se a zívnout, jako by se probudil ze zdřímnutí.

Die Reise war anstrengend, da sie den Postschlitten hinter sich herziehen mussten.

Cesta byla namáhavá, poštovní saně se vlekly za nimi.

Schwere Lasten und harte Arbeit zermürbten die Hunde jeden langen Tag.

Těžké náklady a namáhavá práce psy každý dlouhý den vyčerpávaly.

Sie kamen dünn und müde in Dawson an und brauchten über eine Woche Ruhe.

Do Dawsonu dorazili vyhublí, unavení a potřebovali si odpočinout přes týden.

Doch nur zwei Tage später machten sie sich erneut auf den Weg den Yukon hinunter.

Ale pouhé dva dny později se znovu vydali dolů po Yukonu.

Sie waren mit weiteren Briefen beladen, die für die Außenwelt bestimmt waren.

Byli naloženi dalšími dopisy směřujícími do vnějšího světa.

Die Hunde waren erschöpft und die Männer beschwerten sich ständig.

Psi byli vyčerpaní a muži si neustále stěžovali.

Jeden Tag fiel Schnee, der den Weg weicher machte und die Schlitten verlangsamte.

Sníh padal každý den, změkčoval stezku a zpomaloval saně.

Dies führte zu einem stärkeren Ziehen und einem größeren Widerstand der Läufer.

To vedlo k tvrdšímu tahání a většímu odporu běžců.

Trotzdem waren die Fahrer fair und kümmerten sich um ihre Teams.

Navzdory tomu byli jezdci féroví a starali se o své týmy.

Jeden Abend wurden die Hunde gefüttert, bevor die Männer etwas zu essen bekamen.

Každý večer byli psi nakrmeni, než se k jídlu dostali muži.

Kein Mann geht schlafen, ohne vorher die Pfoten seines eigenen Hundes zu kontrollieren.

Žádný člověk nespal, než zkontroloval tlapky svého vlastního psa.

Dennoch wurden die Hunde mit jeder zurückgelegten Strecke schwächer.

Psi však s ubývajícími kilometry slábli.

Sie waren den ganzen Winter über zweitausendachthundert Kilometer gereist.

Během zimy urazili osmnáct set mil.

Sie zogen Schlitten über jede Meile dieser brutalen Distanz.

Táhli saně přes každou míli té nelítostné vzdálenosti.

Selbst die härtesten Schlittenhunde spüren nach so vielen Kilometern die Belastung.

I ti nejtvrdší saňoví psi cítí po tolika kilometrech zátěž.

Buck hielt durch, sorgte für die Weiterarbeit seines Teams und sorgte für die nötige Disziplin.

Buck se držel, udržoval svůj tým v chodu a udržoval disciplínu.

Aber Buck war müde, genau wie die anderen auf der langen Reise.

Ale Buck byl unavený, stejně jako ostatní na dlouhé cestě.

Billee wimmerte und weinte jede Nacht ohne Ausnahme im Schlaf.

Billee každou noc bez výjimky kňučel a plakal ve spánku.

Joe wurde noch verbitterter und Solleks blieb kalt und distanziert.

Joe se ještě více zahořkl a Solleks zůstal chladný a odtažitý.

Doch Dave war derjenige des gesamten Teams, der am meisten darunter litt.

Ale byl to Dave, kdo z celého týmu trpěl nejhůře.

Irgendetwas in seinem Inneren war schiefgelaufen, doch niemand wusste, was.

Něco se v něm dělo špatně, i když nikdo nevěděl co.

Er wurde launischer und fuhr andere mit wachsender Wut an.

Stával se mrzutějším a s rostoucím hněvem na ostatní napadal.

Jede Nacht ging er direkt zu seinem Nest und wartete darauf, gefüttert zu werden.

Každou noc šel rovnou do svého hnízda a čekal na krmení.

Als Dave einmal unten war, stand er bis zum Morgen nicht mehr auf.

Jakmile byl Dave dole, nevstal až do rána.

Plötzliche Rucke oder Anlaufe an den Zügeln ließen ihn vor Schmerzen aufschreien.

Náhlé trhnutí nebo trhnutí otěží ho donutilo vykřiknout bolestí.

Sein Fahrer suchte nach der Ursache, konnte jedoch keine Verletzungen feststellen.

Jeho řidič pátral po příčině, ale nenašel u něj žádné zranění.

Alle Fahrer beobachteten Dave und besprachen seinen Fall.

Všichni řidiči začali Davea pozorovat a probírali jeho případ.

Sie unterhielten sich beim Essen und während ihrer letzten Zigarette des Tages.

Povídali si u jídla a během poslední cigarety dne.

Eines Nachts hielten sie eine Versammlung ab und brachten Dave zum Feuer.

Jednou v noci uspořádali schůzi a přivedli Davea k ohni.

Sie drückten und untersuchten seinen Körper und er schrie oft.

Tlačili a zkoumali jeho tělo a on často křičel.

Offensichtlich stimmte etwas nicht, auch wenn keine Knochen gebrochen zu sein schienen.

Bylo jasné, že něco není v pořádku, i když se zdálo, že žádná kost není zlomená.

Als sie Cassiar Bar erreichten, war Dave am Umfallen.

Než dorazili k Cassiar Baru, Dave už padal.

Der schottische Mischling machte Schluss und nahm Dave aus dem Team.

Skotský míšenec zastavil tým a vyloučil Davea z týmu.

Er befestigte Solleks an Daves Stelle, ganz vorne am Schlitten.

Upevnil Solleky na Daveovo místo, nejblíže k přední části saní.

Er wollte Dave ausruhen und ihm die Freiheit geben, hinter dem fahrenden Schlitten herzulaufen.

Chtěl nechat Davea odpočinout si a volně běhat za jedoucími saněmi.

Doch selbst als er krank war, hasste Dave es, von seinem Job geholt zu werden.

Ale i když byl nemocný, Dave nenáviděl, když ho vzali z práce, kterou dříve vykonával.

Er knurrte und wimmerte, als ihm die Zügel aus dem Körper gerissen wurden.

Zavrčel a zakňučel, když mu někdo sundal otěže z těla.

Als er Solleks an seiner Stelle sah, weinte er vor gebrochenem Herzen.

Když uviděl Solleksa na svém místě, rozplakal se zlomenou bolestí.

Dave war noch immer stolz auf seine Arbeit auf dem Weg, selbst als der Tod nahte.

Hrdost na práci na stezkách v Daveovi hluboce přetrvávala, i když se blížila smrt.

Während der Schlitten fuhr, kämpfte sich Dave durch den weichen Schnee in der Nähe des Pfades.

Jak se sáně pohybovaly, Dave se bouchal v měkkém sněhu poblíž stezky.

Er griff Solleks an, biss ihn und stieß ihn von der Seite des Schlittens.

Zaútočil na Solleksa, kousl ho a strčil ho ze strany saní.

Dave versuchte, in das Geschirr zu springen und seinen Arbeitsplatz zurückzuerobern.

Dave se pokusil naskočit do postroje a znovu zaujmout své pracovní místo.

Er schrie, jammerte und weinte, hin- und hergerissen zwischen Schmerz und Stolz auf die Wehen.

Kňučel, naříkal a plakal, rozpolcen mezi bolestí a hrdostí na práci.

Der Mischling versuchte, Dave mit seiner Peitsche vom Team zu vertreiben.

Míšenec se bičem pokusil Davea od týmu odehnat.

Doch Dave ignorierte den Hieb und der Mann konnte nicht härter zuschlagen.

Dave si ale ránu bičem nevšímal a muž ho nemohl udeřit silněji.

Dave lehnte den einfacheren Weg hinter dem Schlitten ab, wo der Schnee festgefahren war.

Dave odmítl jednodušší cestu za saněmi, kde byl udusaný sníh.

Stattdessen kämpfte er sich elend durch den tiefen Schnee neben dem Weg.

Místo toho se v hlubokém sněhu vedle stezky trápil.

Schließlich brach Dave zusammen, blieb im Schnee liegen und schrie vor Schmerzen.

Nakonec se Dave zhroutil, ležel ve sněhu a vyl bolestí.

Er schrie auf, als die lange Schlittenkette einer nach dem anderen an ihm vorbeifuhr.

Vykřikl, když ho dlouhý zástup saní jeden po druhém míjel.

Dennoch stand er mit der ihm verbleibenden Kraft auf und stolperte ihnen hinterher.

Přesto se zbývajícími silami vstal a klopýtal za nimi.

Als der Zug wieder anhielt, holte er ihn ein und fand seinen alten Schlitten.

Dohonil vlak, když znovu zastavil, a našel své staré sáně.

Er kämpfte sich an den anderen Teams vorbei und stand wieder neben Solleks.

Proklouzl kolem ostatních týmů a znovu se postavil vedle Sollekse.

Als der Fahrer anhielt, um seine Pfeife anzuzünden, nutzte Dave seine letzte Chance.

Když se řidič zastavil, aby si zapálil dýmku, Dave využil poslední šance.

Als der Fahrer zurückkam und schrie, bewegte sich das Team nicht weiter.

Když se řidič vrátil a zakřičel, tým se nepohnul vpřed.

Die Hunde hatten ihre Köpfe gedreht, verwirrt durch den plötzlichen Stopp.

Psi otočili hlavy, zmateni náhlým zastavením.

Auch der Fahrer war schockiert – der Schlitten hatte sich keinen Zentimeter vorwärts bewegt.

Řidič byl také v šoku – sáně se nepohnuly ani o píď dopředu.

Er rief den anderen zu, sie sollten kommen und nachsehen, was passiert sei.

Zavolal na ostatní, aby se přišli podívat, co se stalo.

Dave hatte Solleks' Zügel durchgekaut und beide auseinandergerissen.

Dave překousl Solleksovy otěže a obě mu zlomil.

Nun stand er vor dem Schlitten, wieder an seinem rechtmäßigen Platz.

Teď stál před saněmi, zpět na svém správném místě.

Dave blickte zum Fahrer auf und flehte ihn stumm an, in der Spur zu bleiben.

Dave vzhlédl k řidiči a tiše ho prosil, aby zůstal v kolejích.

Der Fahrer war verwirrt und wusste nicht, was er für den zappelnden Hund tun sollte.

Řidič byl zmatený a nevěděl, co má s trápícím se psem dělat.

Die anderen Männer sprachen von Hunden, die beim Rausbringen gestorben waren.

Ostatní muži mluvili o psech, kteří uhynuli poté, co je někdo vyvedl ven.

Sie erzählten von alten oder verletzten Hunden, denen es das Herz brach, als sie zurückgelassen wurden.

Vyprávěli o starých nebo zraněných psech, kterým se zlomilo srdce, když byli opuštěni.

Sie waren sich einig, dass es Gnade wäre, Dave sterben zu lassen, während er noch im Geschirr steckte.

Shodli se, že je milosrdenstvím nechat Davea zemřít ještě v postroji.

Er wurde wieder auf dem Schlitten festgeschnallt und Dave zog voller Stolz.

Byl přivázaný zpět k saním a Dave s hrdostí táhl.

Obwohl er manchmal schrie, arbeitete er, als könne man den Schmerz ignorieren.

I když občas křičel, pracoval, jako by bolest mohl ignorovat.

Mehr als einmal fiel er und wurde mitgeschleift, bevor er wieder aufstand.

Víckrát upadl a byl tažen, než se znovu postavil.

Einmal wurde er vom Schlitten überrollt und von diesem Moment an humpelte er.

Jednou se přes něj sáně převrátily a od té chvíle kulhal.

Trotzdem arbeitete er, bis das Lager erreicht war, und legte sich dann ans Feuer.

Přesto pracoval, dokud nedorazil do tábora, a pak si lehl k ohni.

Am Morgen war Dave zu schwach, um zu reisen oder auch nur aufrecht zu stehen.

Ráno byl Dave příliš slabý na to, aby cestoval nebo se dokonce postavil na nohy.

Als es Zeit war, das Geschirr anzulegen, versuchte er mit zitternder Anstrengung, seinen Fahrer zu erreichen.

Když byl čas napnout postroj, s třesoucí se námahou se snažil dosáhnout svého řidiče.

Er rappelte sich auf, taumelte und brach auf dem schneebedeckten Boden zusammen.

Přinutil se vstát, zapotácel se a zhroutil se na zasněženou zem.

Mithilfe seiner Vorderbeine zog er seinen Körper in Richtung des Angeschirrs.

Předníma nohama táhl své tělo k místu, kde se mohly uchytit postroje.

Zentimeter für Zentimeter schob er sich auf die Arbeitshunde zu.

Krok za krokem se sunul vpřed k pracujícím psům.

Er verließ die Kraft, aber er machte mit seinem letzten verzweifelten Vorstoß weiter.

Síly ho opouštěly, ale v posledním zoufalém úderu se dál nevzdával.

Seine Teamkollegen sahen ihn im Schnee nach Luft schnappen und sich immer noch danach sehnen, zu ihnen zu kommen.

Jeho spoluhráči ho viděli, jak ve sněhu lape po dechu a stále toužil se k nim přidat.

Sie hörten ihn vor Kummer schreien, als sie das Lager hinter sich ließen.

Slyšeli ho, jak zármutkem vyje, když opouštěli tábor.

Als das Team zwischen den Bäumen verschwand, hallte Daves Schrei hinter ihnen wider.

Když tým zmizel v lese, Daveův výkřik se rozléhal za nimi.

Der Schlittenzug hielt kurz an, nachdem er einen Abschnitt des Flusswalds überquert hatte.

Sáňový vláček se krátce zastavil po překročení úseku říčního lesa.

Der schottische Mischling ging langsam zurück zum Lager dahinter.

Skotský míšenec se pomalu vracel k táboru za nimi.

Die Männer verstummten, als sie ihn den Schlittenzug verlassen sahen.

Muži přestali mluvit, když ho viděli vystupovat ze saňového vlaku.

Dann ertönte ein einzelner Schuss klar und scharf über den Weg.

Pak se přes stezku jasně a ostře ozval jediný výstřel.

Der Mann kam schnell zurück und nahm wortlos seinen Platz ein.

Muž se rychle vrátil a beze slova zaujal své místo.

Peitschen knallten, Glöckchen bimmelten und die Schlitten rollten durch den Schnee.

Biče praskaly, zvonky cinkaly a saně se kutálely sněhem.

Aber Buck wusste, was passiert war – und alle anderen Hunde auch.

Ale Buck věděl, co se stalo – a stejně tak všichni ostatní psi.

Die Mühen der Zügel und des Trails
Dříč otěží a stezky

Dreißig Tage nach dem Verlassen von Dawson erreichte die Salt Water Mail Skaguay.
Třicet dní po odplutí z Dawsonu dorazila Salt Water Mail do Skaguay.
Buck und seine Teamkollegen gingen in Führung, kamen aber in einem erbärmlichen Zustand an.
Buck a jeho spoluhráči se ujali vedení a dorazili v žalostném stavu.
Buck hatte von hundertvierzig auf hundertfünfzehn Pfund abgenommen.
Buck zhubl ze sto čtyřiceti na sto patnáct liber.
Die anderen Hunde hatten, obwohl kleiner, noch mehr Körpergewicht verloren.
Ostatní psi, ačkoli menší, ztratili ještě více tělesné hmotnosti.
Pike, einst ein vorgetäuschter Hinker, schleppte nun ein wirklich verletztes Bein hinter sich her.
Pike, kdysi falešný kulhající muž, teď za sebou vláčel skutečně zraněnou nohu.
Solleks humpelte stark und Dub hatte ein verrenktes Schulterblatt.
Solleks silně kulhal a Dub měl vykloubenou lopatku.
Die Füße aller Hunde im Team waren von den Wochen auf dem gefrorenen Pfad wund.
Každý pes v týmu měl po týdnech na zmrzlé stezce bolavé nohy.
Ihre Schritte waren völlig federnd und bewegten sich nur langsam und schleppend.
V jejich krocích už nebyla žádná pružnost, jen pomalý, vlečný pohyb.
Ihre Füße treffen den Weg hart und jeder Schritt belastet ihren Körper stärker.
Jejich nohy tvrdě dopadaly na stezku a každý krok jim přidával další námahu.

Sie waren nicht krank, sondern nur so erschöpft, dass sie sich auf natürliche Weise nicht mehr erholen konnten.

Nebyli nemocní, jen vyčerpaní nad veškeré přirozené uzdravení.

Dies war nicht die Müdigkeit eines harten Tages, die durch eine Nachtruhe geheilt werden konnte.

Tohle nebyla únava z jednoho náročného dne, vyléčená nočním odpočinkem.

Es war eine Erschöpfung, die sich durch monatelange, zermürbende Anstrengungen langsam aufgebaut hatte.

Byla to vyčerpanost, která se pomalu nahromadila měsíci vyčerpávající námahy.

Es waren keine Kraftreserven mehr vorhanden, sie hatten alles aufgebraucht, was sie hatten.

Nezbyly jim žádné rezervní síly – vyčerpali už všechno, co měli.

Jeder Muskel, jede Faser und jede Zelle ihres Körpers war erschöpft und abgenutzt.

Každý sval, vlákno a buňka v jejich tělech byly vyčerpané a opotřebované.

Und das hatte seinen Grund: Sie hatten zweitausendfünfhundert Meilen zurückgelegt.

A měl k tomu důvod – ujeli dvacet pět set mil.

Auf den letzten zweitausendachthundert Kilometern hatten sie sich nur fünf Tage ausgeruht.

Během posledních osmnácti set mil odpočívali jen pět dní.

Als sie Skaguay erreichten, sahen sie aus, als könnten sie kaum aufrecht stehen.

Když dorazili do Skaguay, vypadali, že se sotva udrží na nohou.

Sie hatten Mühe, die Zügel straff zu halten und vor dem Schlitten zu bleiben.

S obtížemi udrželi otěže pevně napjaté a udrželi se před saněmi.

Auf abschüssigen Hängen konnten sie nur noch vermeiden, überfahren zu werden.

Na svazích z kopce se jim podařilo vyhnout se jen přejetí.

„Weiter, ihr armen, wunden Füße", sagte der Fahrer,
während sie weiterhumpelten.

„Jen pojďte dál, ubohé bolavé nohy," řekl řidič, když kulhali
dál.

„Das ist die letzte Strecke, danach bekommen wir alle auf
jeden Fall noch eine lange Pause."

„Tohle je poslední úsek a pak si všichni určitě dáme jeden
dlouhý odpočinek."

„Eine richtig lange Pause", versprach er und sah ihnen nach,
wie sie weiter taumelten.

„Jeden opravdu dlouhý odpočinek," slíbil a sledoval, jak se
potácejí vpřed.

Die Fahrer rechneten damit, dass sie nun eine lange,
notwendige Pause bekommen würden.

Řidiči očekávali, že si teď dají dlouhou a potřebnou přestávku.

Sie hatten zweitausend Meilen zurückgelegt und nur zwei
Tage Pause gemacht.

Urazili dvanáct set mil a měli jen dva dny odpočinku.

Sie waren der Meinung, dass sie sich die Zeit zum
Entspannen verdient hätten, und das aus fairen und
vernünftigen Gründen.

Spravedlně a rozumně měli pocit, že si zasloužili čas na
odpočinek.

Aber zu viele waren zum Klondike gekommen und zu
wenige waren zu Hause geblieben.

Ale na Klondike jich přišlo příliš mnoho a příliš málo jich
zůstalo doma.

Es gingen unzählige Briefe von Familien ein, die zu Bergen
verspäteter Post führten.

Dopisy od rodin se hromadily a vytvářely hromady zpožděné
pošty.

Offizielle Anweisungen trafen ein – neue Hudson Bay-
Hunde würden die Nachfolge antreten.

Dorazily oficiální rozkazy – noví psi z Hudsonova zálivu se
měli ujmout moci.

Die erschöpften Hunde, die nun als wertlos galten, sollten
entsorgt werden.

Vyčerpaní psi, nyní označovaní za bezcenné, měli být zlikvidováni.

Da Geld wichtiger war als Hunde, sollten sie billig verkauft werden.

Protože peníze byly důležitější než psi, měli se prodávat levně.

Drei weitere Tage vergingen, bevor die Hunde spürten, wie schwach sie waren.

Uplynuly další tři dny, než psi pocítili, jak jsou slabí.

Am vierten Morgen kauften zwei Männer aus den Staaten das gesamte Team.

Čtvrtého rána koupili dva muži ze Států celý tým.

Der Verkauf umfasste alle Hunde sowie ihre abgenutzte Geschirrausrüstung.

Prodej zahrnoval všechny psy a jejich obnošené postroje.

Die Männer nannten sich gegenseitig „Hal" und „Charles", als sie den Deal abschlossen.

Muži si při uzavírání obchodu oslovovali „Hale" a „Charles".

Charles war mittleren Alters, blass, hatte schlaffe Lippen und wilde Schnurrbartspitzen.

Karel byl středního věku, bledý, s ochablými rty a ostrými špičkami kníru.

Hal war ein junger Mann, vielleicht neunzehn, der einen Patronengürtel trug.

Hal byl mladý muž, možná devatenáctiletý, s opaskem plným nábojů.

Am Gürtel befanden sich ein großer Revolver und ein Jagdmesser, beide unbenutzt.

Na opasku byl velký revolver a lovecký nůž, obojí nepoužité.

Es zeigte, wie unerfahren und ungeeignet er für das Leben im Norden war.

Ukazovalo to, jak nezkušený a nezpůsobilý byl pro život na severu.

Keiner der beiden Männer gehörte in die Wildnis; ihre Anwesenheit widersprach jeder Vernunft.

Ani jeden z nich nepatřil do divočiny; jejich přítomnost se vzpírala veškerému rozumu.

Buck beobachtete, wie das Geld zwischen Käufer und Makler den Besitzer wechselte.

Buck sledoval, jak si kupující a agent vyměňují peníze.

Er wusste, dass die Postzugführer sein Leben wie alle anderen verlassen würden.

Věděl, že strojvedoucí poštovních vlaků opouštějí jeho život stejně jako všichni ostatní.

Sie folgten Perrault und François, die nun unwiederbringlich verschwunden waren.

Sledovali Perraulta a Françoise, kteří už nebyli k nezapamatování.

Buck und das Team wurden in das schlampige Lager ihrer neuen Besitzer geführt.

Buck a tým byli odvedeni do nedbale zanedbaného tábora jejich nových majitelů.

Das Zelt hing durch, das Geschirr war schmutzig und alles lag in Unordnung.

Stan se prohýbal, nádobí bylo špinavé a všechno leželo v nepořádku.

Buck bemerkte dort auch eine Frau – Mercedes, Charles' Frau und Hals Schwester.

Buck si tam také všiml ženy – Mercedes, Charlesovy manželky a Halovy sestry.

Sie bildeten eine vollständige Familie, obwohl sie alles andere als für den Wanderpfad geeignet waren.

Tvořili kompletní rodinu, i když zdaleka nebyli vhodní na stezku.

Buck beobachtete nervös, wie das Trio begann, die Vorräte einzupacken.

Buck nervózně sledoval, jak trojice začíná balit zásoby.

Sie arbeiteten hart, aber ohne Ordnung – nur Aufhebens und vergeudete Mühe.

Pracovali tvrdě, ale bez řádu – jen povyk a zbytečné úsilí.

Das Zelt war zu einer sperrigen Form zusammengerollt und viel zu groß für den Schlitten.

Stan byl srolovaný do objemného tvaru, příliš velký pro saně.

Schmutziges Geschirr wurde eingepackt, ohne dass es gespült oder getrocknet worden wäre.

Špinavé nádobí bylo zabalené, aniž by bylo umyté nebo osušené.

Mercedes flatterte herum, redete, korrigierte und mischte sich ständig ein.

Mercedes pobíhala sem a tam, neustále mluvila, opravovala a vměšovala se do dění.

Als ein Sack vorne platziert wurde, bestand sie darauf, dass er hinten drankam.

Když byl pytel položen dopředu, trvala na tom, aby šel dozadu.

Sie packte den Sack ganz unten rein und im nächsten Moment brauchte sie ihn.

Sbalila pytel na dno a v příštím okamžiku ho potřebovala.

Also wurde der Schlitten erneut ausgepackt, um an die eine bestimmte Tasche zu gelangen.

Takže sáně byly znovu vybaleny, aby se dostaly k té jedné konkrétní tašce.

In der Nähe standen drei Männer vor einem Zelt und beobachteten die Szene.

Nedaleko stáli tři muži před stanem a sledovali, co se děje.

Sie lächelten, zwinkerten und grinsten über die offensichtliche Verwirrung der Neuankömmlinge.

Usmívali se, mrkali a šklebili se nad zjevným zmatkem nově příchozích.

„Sie haben schon eine ziemlich schwere Last", sagte einer der Männer.

„Už teď máš pořádný náklad," řekl jeden z mužů.

„Ich glaube nicht, dass Sie das Zelt tragen sollten, aber es ist Ihre Entscheidung."

„Myslím, že bys ten stan neměl/a nosit, ale je to tvoje volba."

„Unvorstellbar!", rief Mercedes und warf verzweifelt die Hände in die Luft.

„Nevídané!" zvolala Mercedes a zoufale rozhodila rukama.

„Wie könnte ich ohne Zelt reisen, unter dem ich übernachten kann?"

„Jak bych mohl cestovat bez stanu, pod kterým bych mohl zůstat?"

„Es ist Frühling – Sie werden kein kaltes Wetter mehr erleben", antwortete der Mann.

„Je jaro – už tu neuvidíte chladné počasí," odpověděl muž.

Aber sie schüttelte den Kopf und sie stapelten weiterhin Gegenstände auf den Schlitten.

Ale zavrtěla hlavou a oni dál hromadili věci na saně.

Als sie die letzten Dinge hinzufügten, türmte sich die Ladung gefährlich hoch auf.

Náklad se nebezpečně tyčil vysoko, když přidávali poslední věci.

„Glauben Sie, der Schlitten fährt?", fragte einer der Männer mit skeptischem Blick.

„Myslíš, že sáně pojedou?" zeptal se jeden z mužů se skeptickým pohledem.

„Warum sollte es nicht?", blaffte Charles mit scharfer Verärgerung zurück.

„Proč by ne?" odsekl Charles s ostrou podrážděností.

„Oh, das ist schon in Ordnung", sagte der Mann schnell und wich seiner Beleidigung aus.

„Ale to je v pořádku," řekl muž rychle a couvl, aby se vyhnul urážce.

„Ich habe mich nur gewundert – es sah für mich einfach ein bisschen zu kopflastig aus."

„Jen jsem se divil – připadalo mi to trochu moc těžké nahoře."

Charles drehte sich um und band die Ladung so gut fest, wie er konnte.

Karel se odvrátil a uvázal náklad, jak nejlépe uměl.

Allerdings waren die Zurrgurte locker und die Verpackung insgesamt schlecht ausgeführt.

Ale úvazy byly volné a celkově špatně zabalené.

„Klar, die Hunde machen das den ganzen Tag", sagte ein anderer Mann sarkastisch.

„Jasně, psi to budou tahat celý den," řekl sarkasticky další muž.

„Natürlich", antwortete Hal kalt und packte die lange Lenkstange des Schlittens.

„Samozřejmě," odpověděl Hal chladně a chytil se dlouhé tyče saní.

Mit einer Hand an der Stange schwang er mit der anderen die Peitsche.

S jednou rukou na tyči se držel biče v druhé.

„Los geht's!", rief er. „Bewegt euch!", und trieb die Hunde zum Aufbruch an.

„Jdeme!" křičel. „Hněte se!" pobízel psy, aby se rozjeli.

Die Hunde lehnten sich in das Geschirr und spannten sich einige Augenblicke lang an.

Psi se opřeli do postroje a chvíli se napínali.

Dann blieben sie stehen, da sie den überladenen Schlitten keinen Zentimeter bewegen konnten.

Pak se zastavili, neschopní pohnout s přetíženými saněmi ani o píď.

„Diese faulen Bestien!", schrie Hal und hob die Peitsche, um sie zu schlagen.

„Líní bestie!" zařval Hal a zvedl bič, aby je udeřil.

Doch Mercedes stürzte herein und riss Hal die Peitsche aus der Hand.

Ale Mercedes vběhla dovnitř a vytrhla Halovi bič z rukou.

„Oh, Hal, wage es ja nicht, ihnen wehzutun", rief sie alarmiert.

„Ach, Hale, neopovažuj se jim ublížit!" zvolala vyděšeně.

„Versprich mir, dass du nett zu ihnen bist, sonst gehe ich keinen Schritt weiter."

„Slib mi, že k nim budeš laskavý, nebo neudělám ani krok."

„Du weißt nichts über Hunde", fuhr Hal seine Schwester an.

„O psech nevíš vůbec nic," odsekl Hal na sestru.

„Sie sind faul, und die einzige Möglichkeit, sie zu bewegen, besteht darin, sie zu peitschen."

„Jsou líní a jediný způsob, jak je pohnout, je zbičovat je."

„Fragen Sie irgendjemanden – fragen Sie einen dieser Männer dort drüben, wenn Sie mir nicht glauben."

„Zeptejte se kohokoli – zeptejte se jednoho z těch mužů támhle, pokud o mně pochybujete."

Mercedes sah die Zuschauer mit flehenden, tränennassen Augen an.

Mercedes se na přihlížející dívala prosebnýma, uplakanýma očima.

Ihr Gesicht zeigte, wie sehr sie den Anblick jeglichen Schmerzes hasste.

Její tvář prozrazovala, jak hluboce nenáviděla pohled na jakoukoli bolest.

„Sie sind schwach, das ist alles", sagte ein Mann. „Sie sind erschöpft."

„Jsou slabí, to je vše," řekl jeden muž. „Jsou vyčerpaní."

„Sie brauchen Ruhe – sie haben zu lange ohne Pause gearbeitet."

„Potřebují odpočinek – byli příliš dlouho unavení bez přestávky."

„Der Rest sei verflucht", murmelte Hal mit verzogenen Lippen.

„Zbytek ať je prokletý," zamumlal Hal se zkřiveným rtem."

Mercedes schnappte nach Luft, sein grobes Wort schmerzte sie sichtlich.

Mercedes zalapala po dechu, zjevně ji jeho hrubé slovo bolelo.

Dennoch blieb sie loyal und verteidigte ihren Bruder sofort.

Přesto zůstala věrná a okamžitě se postavila na obranu svého bratra.

„Kümmere dich nicht um den Mann", sagte sie zu Hal. „Das sind unsere Hunde."

„Nevšímej si toho chlapa," řekla Halovi. „Jsou to naši psi."

„Fahren Sie sie, wie Sie es für richtig halten – tun Sie, was Sie für richtig halten."

„Řídíš je, jak uznáš za vhodné – dělej, co považuješ za správné."

Hal hob die Peitsche und schlug die Hunde erneut gnadenlos.

Hal zvedl bič a znovu bez milosti udeřil psy.

Sie stürzten sich nach vorne, die Körper tief gebeugt, die Füße in den Schnee gedrückt.

Vrhli se vpřed, těla nízko, nohy zabořené do sněhu.

Sie gaben sich alle Mühe, den Schlitten zu ziehen, aber er bewegte sich nicht.

Všechna jejich síla šla do tahu, ale sáně se nehýbaly.

Der Schlitten blieb wie ein im Schnee festgefrorener Anker stecken.

Sáně zůstaly zaseknuté jako kotva zamrzlá v udusaném sněhu.

Nach einem zweiten Versuch blieben die Hunde wieder stehen und keuchten schwer.

Po druhém pokusu se psi znovu zastavili a těžce lapali po dechu.

Hal hob die Peitsche noch einmal, gerade als Mercedes erneut eingriff.

Hal znovu zvedl bič, právě když Mercedes znovu zasáhla.

Sie fiel vor Buck auf die Knie und umarmte seinen Hals.

Klesla na kolena před Bucka a objala ho kolem krku.

Tränen traten ihr in die Augen, als sie den erschöpften Hund anflehte.

Slzy se jí zalily do očí, když prosila vyčerpaného psa.

„Ihr Armen", sagte sie, „warum zieht ihr nicht einfach stärker?"

„Vy chudáci," řekla, „proč prostě nezatáhnete silněji?"

„Wenn du ziehst, wirst du nicht so ausgepeitscht."

„Když budeš tahat, tak tě takhle zbičovat nebudou."

Buck mochte Mercedes nicht, aber er war zu müde, um ihr jetzt zu widerstehen.

Buck neměl Mercedes rád, ale teď byl příliš unavený, aby jí odolal.

Er akzeptierte ihre Tränen als einen weiteren Teil dieses elenden Tages.

Přijal její slzy jen jako další součást ubohého dne.

Einer der zuschauenden Männer ergriff schließlich das Wort, nachdem er seinen Ärger unterdrückt hatte.

Jeden z přihlížejících mužů konečně promluvil, poté co potlačil hněv.

„Es ist mir egal, was mit euch passiert, Leute, aber diese Hunde sind wichtig."

„Je mi jedno, co se s vámi stane, ale na těch psech záleží."

„Wenn du helfen willst, mach den Schlitten los – er ist am Schnee festgefroren."

„Jestli chceš pomoct, uvolni ty sáně – jsou zmrzlé ke sněhu."

„Drücken Sie fest auf die Gee-Stange, rechts und links, und brechen Sie die Eisversiegelung."

„Zatlačte silně na výstužnou tyč, doprava i doleva, a prolomte ledovou pečeť."

Ein dritter Versuch wurde unternommen, diesmal auf Vorschlag des Mannes.

Byl proveden třetí pokus, tentokrát na mužův návrh.

Hal schaukelte den Schlitten von einer Seite auf die andere und löste so die Kufen.

Hal houpal saněmi ze strany na stranu a uvolňoval je.

Obwohl der Schlitten überladen und unhandlich war, machte er schließlich einen Satz nach vorne.

Sáně, ačkoli přetížené a neohrabané, se konečně s trhnutím vymrštily vpřed.

Buck und die anderen zogen wild, angetrieben von einem Sturm aus Schleudertraumen.

Buck a ostatní divoce táhli, poháněni záplavou ran bičem.

Hundert Meter weiter machte der Weg eine Biegung und führte in die Straße hinein.

Sto metrů před nimi se stezka stáčela a svažovala do ulice.

Um den Schlitten aufrecht zu halten, hätte es eines erfahrenen Fahrers bedurft.

Bude potřeba zkušeného řidiče, aby sáně udržel ve vzpřímené poloze.

Hal war nicht geschickt und der Schlitten kippte, als er um die Kurve schwang.

Hal nebyl zručný a sáně se při prudkém otáčení v zatáčce převrátily.

Lose Zurrgurte gaben nach und die Hälfte der Ladung ergoss sich auf den Schnee.

Uvolněné popruhy povolily a polovina nákladu se vysypala na sníh.

Die Hunde hielten nicht an; der leichtere Schlitten flog auf der Seite weiter.

Psi se nezastavili; lehčí sáně letěly na boku.

Wütend über die Beschimpfungen und die schwere Last rannten die Hunde noch schneller.

Rozzlobení týráním a těžkým břemenem běželi psi rychleji.

Buck rannte wütend los und das Team folgte ihm.

Buck se v rozzuření rozběhl a tým ho následoval.

Hal rief „Whoa! Whoa!", aber das Team beachtete ihn nicht.

Hal křičel „No páni! No páni!", ale tým si ho nevšímal.

Er stolperte, fiel und wurde am Geschirr über den Boden geschleift.

Zakopl, upadl a postroj ho táhl po zemi.

Der umgekippte Schlitten wurde über ihn geworfen, als die Hunde weiterrasten.

Převrácené sáně ho převalily, zatímco psi spěchali vpřed.

Die restlichen Vorräte verteilten sich über die belebte Straße von Skaguay.

Zbytek zásob se rozprchl po rušné ulici ve Skaguayi.

Gutherzige Menschen eilten herbei, um die Hunde anzuhalten und die Ausrüstung einzusammeln.

Dobrosrdeční lidé se vrhli zastavit psy a shromažďovat vybavení.

Sie gaben den neuen Reisenden auch direkte und praktische Ratschläge.

Také novým cestovatelům dávali rady, přímočaré a praktické.

„Wenn Sie Dawson erreichen wollen, nehmen Sie die halbe Ladung und die doppelte Anzahl an Hunden mit."

„Jestli se chceš dostat do Dawsonu, vezmi si polovinu nákladu a dvojnásobný počet psů."

Hal, Charles und Mercedes hörten zu, wenn auch nicht mit Begeisterung.

Hal, Charles a Mercedes naslouchali, i když ne s nadšením.

Sie bauten ihr Zelt auf und begannen, ihre Vorräte zu sortieren.

Postavili si stan a začali třídit své zásoby.

Heraus kamen Konserven, die die Zuschauer laut lachen ließen.

Vyšly konzervy, které přihlížející rozesmály nahlas.

„Konserven auf dem Weg? Bevor die schmelzen, verhungern Sie", sagte einer.

„Konzervy na stezce? Než se rozpustí, tak umřeš hlady," řekl jeden.

„Hoteldecken? Die wirfst du am besten alle weg."

„Hotelové deky? Raději je všechny vyhoďte."

„Schmeißen Sie auch das Zelt weg, und hier spült niemand mehr Geschirr."

„Když tu taky vyhodíš stan, nikdo tu nemyje nádobí."

„Sie glauben, Sie fahren in einem Pullman-Zug mit Bediensteten an Bord?"

„Myslíš si, že jedeš pullmanovským vlakem se služebnictvem na palubě?"

Der Prozess begann – jeder nutzlose Gegenstand wurde beiseite geworfen.

Proces začal – každá nepotřebná věc byla odhozena stranou.

Mercedes weinte, als ihre Taschen auf den schneebedeckten Boden geleert wurden.

Mercedes plakala, když jí vysypali zavazadla na zasněženou zem.

Sie schluchzte ohne Pause über jeden einzelnen hinausgeworfenen Gegenstand.

Vzlykala nad každou vyhozenou věcí, jednu po druhé bez přestávky.

Sie schwor, keinen Schritt weiterzugehen – nicht einmal für zehn Charleses.

Přísahala, že neudělá ani krok – ani za deset Charlesů.

Sie flehte alle Menschen in ihrer Nähe an, ihr ihre wertvollen Sachen zu überlassen.

Prosila každého, kdo byl poblíž, aby jí dovolil si ponechat její cenné věci.

Schließlich wischte sie sich die Augen und begann, auch die wichtigsten Kleidungsstücke wegzuwerfen.

Nakonec si otřela oči a začala shazovat i to nejdůležitější oblečení.

Als sie mit ihrem eigenen fertig war, begann sie, die Vorräte der Männer auszuräumen.

Když skončila se svými, začala vyprazdňovat zásoby mužů.

Wie ein Wirbelwind verwüstete sie die Habseligkeiten von Charles und Hal.

Jako vichřice se prohnala věcmi Charlese a Hala.

Obwohl die Ladung halbiert wurde, war sie immer noch viel schwerer als nötig.

I když se náklad snížil na polovinu, stále byl mnohem těžší, než bylo potřeba.

In dieser Nacht gingen Charles und Hal los und kauften sechs neue Hunde.

Té noci si Charles a Hal koupili šest nových psů.

Diese neuen Hunde gesellten sich zu den ursprünglichen sechs, plus Teek und Koona.

Tito noví psi se připojili k původní šesti, plus Teek a Koona.

Zusammen bildeten sie ein Gespann aus vierzehn Hunden, die vor den Schlitten gespannt wurden.

Společně tvořili spřežení čtrnácti psů zapřažených do saní.

Doch die neuen Hunde waren für die Schlittenarbeit ungeeignet und schlecht ausgebildet.

Ale noví psi byli nezpůsobilí a špatně vycvičení pro práci se saněmi.

Drei der Hunde waren kurzhaarige Vorstehhunde und einer war ein Neufundländer.

Tři psi byli krátkosrstí ohaři a jeden byl novofundlanďan.

Bei den letzten beiden Hunden handelte es sich um Mischlinge ohne eindeutige Rasse oder Zweckbestimmung.

Poslední dva psi byli mutanti bez jasné rasy ani účelu.

Sie haben den Weg nicht verstanden und ihn nicht schnell gelernt.

Nerozuměli té stezce a nenaučili se ji rychle.

Buck und seine Kameraden beobachteten sie mit Verachtung und tiefer Verärgerung.

Buck a jeho kamarádi je pozorovali s opovržením a hlubokým podrážděním.

Obwohl Buck ihnen beibrachte, was sie nicht tun sollten, konnte er ihnen keine Pflicht beibringen.

Ačkoli je Buck naučil, co se nemá dělat, nemohl je naučit povinnosti.

Sie kamen mit dem Leben auf dem Wanderpfad und dem Ziehen von Zügeln und Schlitten nicht gut zurecht.

Nesnášeli dobře jízdu na vlečce ani tah otěží a saní.

Nur die Mischlinge versuchten, sich anzupassen, und selbst ihnen fehlte der Kampfgeist.

Pouze kříženci se snažili přizpůsobit, a i těm chyběla bojovnost.

Die anderen Hunde waren durch ihr neues Leben verwirrt, geschwächt und gebrochen.

Ostatní psi byli svým novým životem zmatení, oslabení a zlomení.

Da die neuen Hunde ahnungslos und die alten erschöpft waren, gab es kaum Hoffnung.

S novými psy bezradnými a starými vyčerpanými byla naděje mizivá.

Bucks Team hatte zweitausendfünfhundert Meilen eines rauen Pfades zurückgelegt.

Buckův tým urazil dvacet pět set mil náročné stezky.

Dennoch waren die beiden Männer fröhlich und stolz auf ihr großes Hundegespann.

Přesto byli oba muži veselí a hrdí na svůj velký psí tým.

Sie dachten, sie würden mit Stil reisen, mit vierzehn Hunden an der Leine.

Mysleli si, že cestují stylově, se čtrnácti zavázanými psy.

Sie hatten gesehen, wie Schlitten nach Dawson aufbrachen und andere von dort ankamen.

Viděli saně odjíždět do Dawsonu a další odtud přijíždět.

Aber noch nie hatten sie eins gesehen, das von bis zu vierzehn Hunden gezogen wurde.

Ale nikdy neviděli takový, tažený až čtrnácti psy.

Es gab einen Grund, warum solche Teams in der arktischen Wildnis selten waren.

Existoval důvod, proč byly takové týmy v arktické divočině vzácné.

Kein Schlitten konnte genug Futter transportieren, um vierzehn Hunde für die Reise zu versorgen.

Žádné sáně by neuvezly dostatek jídla pro čtrnáct psů na celou cestu.

Aber Charles und Hal wussten das nicht – sie hatten nachgerechnet.

Ale Charles a Hal to nevěděli – spočítali si to sami.

Sie haben das Futter berechnet: so viel pro Hund, so viele Tage, fertig.

Naplánovali si jídlo: tolik na psa, tolik dní, hotovo.

Mercedes betrachtete ihre Zahlen und nickte, als ob es Sinn machte.

Mercedes se podívala na jejich čísla a přikývla, jako by to dávalo smysl.

Zumindest auf dem Papier erschien ihr alles sehr einfach.

Všechno se jí zdálo velmi jednoduché, alespoň na papíře.

Am nächsten Morgen führte Buck das Team langsam die verschneite Straße hinauf.

Následujícího rána Buck vedl spřežení pomalu po zasněžené ulici.

Weder er noch die Hunde hinter ihm hatten Energie oder Tatendrang.

Nebyla v něm ani v psech za ním žádná energie ani duch.

Sie waren von Anfang an todmüde, es waren keine Reserven mehr vorhanden.

Od začátku byli k smrti unavení – nezbývala jim žádná rezerva.

Buck hatte bereits vier Fahrten zwischen Salt Water und Dawson unternommen.

Buck už podnikl čtyři cesty mezi Salt Water a Dawson.

Als er nun erneut vor derselben Spur stand, empfand er nichts als Bitterkeit.

Teď, když znovu stál tváří v tvář téže stezce, necítil nic než hořkost.

Er war nicht mit dem Herzen dabei und die anderen Hunde auch nicht.

Nebylo v tom jeho srdce, stejně jako srdce ostatních psů.

Die neuen Hunde waren schüchtern und den Huskys fehlte jegliches Vertrauen.

Noví psi byli bázliví a huskyům chyběla veškerá důvěra.

Buck spürte, dass er sich auf diese beiden Männer oder ihre Schwester nicht verlassen konnte.

Buck cítil, že se na tyto dva muže ani na jejich sestru nemůže spolehnout.

Sie wussten nichts und zeigten auf dem Weg keine Anzeichen, etwas zu lernen.

Nic nevěděli a na stezce nejevili žádné známky toho, že by se něco učili.

Sie waren unorganisiert und es fehlte ihnen jeglicher Sinn für Disziplin.

Byli neorganizovaní a postrádali jakýkoli smysl pro disciplínu.

Sie brauchten jedes Mal die halbe Nacht, um ein schlampiges Lager aufzubauen.

Pokaždé jim trvalo půl noci, než si postavili nedbalý tábor.

Und den halben nächsten Morgen verbrachten sie wieder damit, am Schlitten herumzufummeln.

A půlku dalšího rána strávili opět zápasením se saněmi.

Gegen Mittag hielten sie oft nur an, um die ungleichmäßige Beladung zu korrigieren.

Do poledne se často zastavovali jen proto, aby opravili nerovnoměrný náklad.

An manchen Tagen legten sie insgesamt weniger als sechzehn Kilometer zurück.

V některé dny urazili celkem méně než deset mil.

An anderen Tagen schafften sie es überhaupt nicht, das Lager zu verlassen.

Jiné dny se jim vůbec nepodařilo opustit tábor.

Sie kamen nie auch nur annähernd an die geplante Nahrungsdistanz heran.

Nikdy se ani zdaleka nepřiblížili plánované vzdálenosti pro udržení potravy.

Wie erwartet ging das Futter für die Hunde sehr schnell aus.

Jak se dalo očekávat, jídlo pro psy jim došlo velmi rychle.

Sie haben die Sache noch schlimmer gemacht, indem sie in den ersten Tagen zu viel gefüttert haben.

V prvních dnech situaci ještě zhoršili tím, že je překrmovali.

Mit jeder unvorsichtigen Ration rückte der Hungertod näher.

To s každým nedbale vyčerpaným přídělem přibližovalo hlad.

Die neuen Hunde hatten nicht gelernt, mit sehr wenig zu überleben.

Noví psi se nenaučili přežít s málem.

Sie aßen hungrig, ihr Appetit war zu groß für den Weg.

Jedli hladově, s chutí k jídlu příliš velkou na to, aby zvládli stezku.

Als Hal sah, wie die Hunde schwächer wurden, glaubte er, dass das Futter nicht ausreichte.

Když Hal viděl, jak psi slábnou, uvěřil, že jídlo nestačí.

Er verdoppelte die Rationen und verschlimmerte damit den Fehler noch.

Zdvojnásobil dávky, čímž chybu ještě zhoršil.

Mercedes verschärfte das Problem mit Tränen und leisem Flehen.

Mercedes k problému přidala slzy a tiché prosby.

Als sie Hal nicht überzeugen konnte, fütterte sie die Hunde heimlich.

Když nedokázala Hala přesvědčit, tajně nakrmila psy.

Sie stahl den Fisch aus den Säcken und gab ihn ihnen hinter seinem Rücken.

Ukradla z pytlů s rybami a dala jim je za jeho zády.

Doch was die Hunde wirklich brauchten, war nicht mehr Futter, sondern Ruhe.

Ale psi doopravdy nepotřebovali více jídla – byl to odpočinek.

Sie kamen nur langsam voran, aber der schwere Schlitten schleppte sich trotzdem weiter.

Jeli špatným časem, ale těžké saně se stále vlekly.

Allein dieses Gewicht zehrte jeden Tag an ihrer verbleibenden Kraft.

Už jen ta tíha jim každý den vysávala zbývající síly.

Dann kam es zur Phase der Unterernährung, da die Vorräte zur Neige gingen.

Pak přišla fáze podvýživy, protože zásoby docházely.

Eines Morgens stellte Hal fest, dass die Hälfte des Hundefutters bereits weg war.

Hal si jednoho rána uvědomil, že polovina psího krmiva už je pryč.

Sie hatten nur ein Viertel der gesamten Wegstrecke zurückgelegt.

Ušli jen čtvrtinu celkové vzdálenosti stezky.

Es konnten keine Lebensmittel mehr gekauft werden, egal zu welchem Preis.

Už se nedalo koupit žádné další jídlo, bez ohledu na to, jaká byla nabídnuta cena.

Er reduzierte die Portionen der Hunde unter die normale Tagesration.

Snížil porce psů pod standardní denní dávku.

Gleichzeitig forderte er längere Reisemöglichkeiten, um die Verluste auszugleichen.

Zároveň požadoval delší cestování, aby ztrátu vynahradil.

Mercedes und Charles unterstützten diesen Plan, scheiterten jedoch bei der Umsetzung.

Mercedes a Charles tento plán podpořili, ale neuskutečnili ho.

Ihr schwerer Schlitten und ihre mangelnden Fähigkeiten machten ein Vorankommen nahezu unmöglich.

Jejich těžké saně a nedostatek dovedností téměř znemožňovaly postup.

Es war einfach, weniger Futter zu geben, aber unmöglich, mehr Anstrengung zu erzwingen.

Bylo snadné dávat méně jídla, ale nemožné vynutit si větší úsilí.

Sie konnten weder früher anfangen, noch konnten sie Überstunden machen.

Nemohli začít brzy, ani nemohli cestovat přesčas.

Sie wussten nicht, wie sie mit den Hunden und überhaupt mit sich selbst arbeiten sollten.

Nevěděli, jak zacházet se psy, a vlastně ani sami se sebou.

Der erste Hund, der starb, war Dub, der unglückliche, aber fleißige Dieb.

Prvním psem, který zemřel, byl Dub, nešťastný, ale pracovitý zloděj.

Obwohl Dub oft bestraft wurde, leistete er ohne zu klagen seinen Beitrag.

Ačkoliv Dub byl často trestán, zvládal svou práci bez stížností.

Seine Schulterverletzung verschlimmerte sich ohne Pflege und nötige Ruhe.

Jeho zraněné rameno se bez péče a potřeby odpočinku zhoršovalo.

Schließlich beendete Hal mit dem Revolver Dubs Leiden.

Nakonec Hal použil revolver k ukončení Dubova utrpení.

Ein gängiges Sprichwort besagt, dass normale Hunde an der Husky-Ration sterben.

Běžné rčení tvrdilo, že normální psi umírají na krmné dávce pro huskyho.

Bucks sechs neue Gefährten bekamen nur die Hälfte des Futteranteils des Huskys.

Buckových šest nových společníků mělo jen poloviční podíl jídla, který husky dostává.

Zuerst starb der Neufundländer, dann die drei kurzhaarigen Vorstehhunde.

Nejdříve uhynul novofundlanďan a poté tři krátkosrstí ohaři.

Die beiden Mischlinge hielten länger durch, kamen aber schließlich wie die anderen um.

Dva kříženci se drželi déle, ale nakonec zahynuli stejně jako ostatní.

Zu diesem Zeitpunkt waren alle Annehmlichkeiten und die Sanftheit des Südens verschwunden.

V této době už veškeré vybavení a laskavost Jihu byly pryč.

Die drei Menschen hatten die letzten Spuren ihrer zivilisierten Erziehung abgelegt.

Ti tři lidé se zbavili posledních stop své civilizované výchovy.

Ohne Glamour und Romantik wurde das Reisen in die Arktis zur brutalen Realität.

Zbavené lesku a romantiky se cestování po Arktidě stalo brutálně skutečným.

Es war eine Realität, die zu hart für ihr Männlichkeits- und Weiblichkeitsgefühl war.

Byla to realita příliš drsná pro jejich smysl pro mužství a ženství.

Mercedes weinte nicht mehr um die Hunde, sondern nur noch um sich selbst.

Mercedes už neplakala pro psy, ale teď plakala jen pro sebe.

Sie verbrachte ihre Zeit damit, zu weinen und mit Hal und Charles zu streiten.

Trávila čas pláčem a hádkami s Halem a Charlesem.

Streiten war das Einzige, wozu sie nie zu müde waren.

Hádky byly jedinou věcí, na kterou nikdy nebyli příliš unavení.

Ihre Gereiztheit rührte vom Elend her, wuchs mit ihm und übertraf es.

Jejich podrážděnost pramenila z bídy, rostla s ní a překonala ji.

Die Geduld des Weges, die diejenigen kennen, die sich abmühen und freundlich leiden, kam nie.

Trpělivost na cestě, známá těm, kdo dřou a trpí s laskavostí, se nikdy nedostavila.

Diese Geduld, die die Sprache trotz Schmerzen süß hält, war ihnen unbekannt.

Tato trpělivost, která udržuje řeč sladkou i přes bolest, jim byla neznámá.

Sie besaßen nicht die geringste Spur von Geduld und schöpften keine Kraft aus dem anmutigen Leiden.

Neměli ani špetku trpělivosti, žádnou sílu čerpanou z utrpení s grácií.

Sie waren steif vor Schmerz – ihre Muskeln, Knochen und ihr Herz schmerzten.

Byli ztuhlí bolestí – bolely je svaly, kosti a srdce.

Aus diesem Grund bekamen sie eine scharfe Zunge und waren schnell im Umgang mit harten Worten.

Kvůli tomu se stali ostrými na jazyk a rychlými v drsných slovech.

Jeder Tag begann und endete mit wütenden Stimmen und bitteren Klagen.

Každý den začínal a končil rozzlobenými hlasy a hořkými stížnostmi.

Charles und Hal stritten sich, wann immer Mercedes ihnen eine Chance gab.

Charles a Hal se hádali, kdykoli jim Mercedes dala šanci.

Jeder Mann glaubte, dass er mehr als seinen gerechten Anteil an der Arbeit geleistet hatte.

Každý muž věřil, že odvedl více práce, než mu náleží.

Keiner von beiden ließ es sich je entgehen, dies immer wieder zu sagen.

Ani jeden z nich nikdy nepromeškal příležitost to říct, znovu a znovu.

Manchmal stand Mercedes auf der Seite von Charles, manchmal auf der Seite von Hal.

Někdy se Mercedes postavila na stranu Charlese, jindy na stranu Hala.

Dies führte zu einem großen und endlosen Streit zwischen den dreien.

To vedlo k velké a nekonečné hádce mezi těmi třemi.

Ein Streit darüber, wer Brennholz hacken sollte, geriet außer Kontrolle.

Spor o to, kdo by měl kácet dříví, se vymkl kontrole.

Bald wurden Väter, Mütter, Cousins und verstorbene Verwandte genannt.

Brzy byli jmenováni otcové, matky, bratranci a sestřenice a zemřelí příbuzní.

Hal's Ansichten über Kunst oder die Theaterstücke seines Onkels wurden Teil des Kampfes.

Součástí boje se staly Halovy názory na umění nebo hry jeho strýce.

Auch Charles' politische Überzeugungen wurden in die Debatte einbezogen.

Do debaty vstoupily i Charlesovy politické přesvědčení.

Für Mercedes schienen sogar die Gerüchte über die Schwester ihres Mannes relevant zu sein.

Mercedes se dokonce i drby sestry jejího manžela zdály relevantní.

Sie äußerte ihre Meinung dazu und zu vielen Fehlern in Charles' Familie.

Vyjádřila své názory na to a na mnoho nedostatků Charlesovy rodiny.

Während sie stritten, blieb das Feuer aus und das Lager war halb fertig.

Zatímco se hádali, oheň zůstal nezapálený a tábor napůl zapálený.

In der Zwischenzeit waren die Hunde unterkühlt und hatten nichts zu fressen.

Mezitím psi zůstali v chladu a bez jídla.

Mercedes hegte einen Groll, den sie als zutiefst persönlich betrachtete.

Mercedes měla k něčemu křivdu, kterou považovala za hluboce osobní.

Sie fühlte sich als Frau misshandelt und fühlte sich ihrer Privilegien beraubt.

Cítila se špatně zacházeno jako žena, byla jí odepřena její privilegia.

Sie war hübsch und sanft und pflegte ihr ganzes Leben lang ritterliche Gesten.

Byla hezká a něžná a celý život zvyklá na rytířství.

Doch ihr Mann und ihr Bruder begegneten ihr nun mit Ungeduld.

Ale její manžel a bratr se k ní nyní chovali netrpělivě.

Sie hatte die Angewohnheit, sich hilflos zu verhalten, und sie begannen, sich zu beschweren.

Měla ve zvyku chovat se bezmocně a oni si začali stěžovat.

Sie war davon beleidigt und machte ihnen das Leben noch schwerer.

Uražená tím jim o to víc ztížila život.

Sie ignorierte die Hunde und bestand darauf, den Schlitten selbst zu fahren.

Ignorovala psy a trvala na tom, že se na saních sveze sama.

Obwohl sie von leichter Gestalt war, wog sie fünfundvierzig Kilo.

Ačkoli byla lehká, vážila sto dvacet liber.

Diese zusätzliche Belastung war zu viel für die hungernden, schwachen Hunde.

Ta dodatečná zátěž byla pro hladovějící a slabé psy příliš velká.

Trotzdem ritt sie tagelang, bis die Hunde in den Zügeln zusammenbrachen.

Přesto jela celé dny, dokud se psi nezhroutili pod otěžemi.

Der Schlitten stand still und Charles und Hal baten sie, zu laufen.

Sáně se zastavily a Charles s Halem ji prosili, aby šla pěšky.

Sie flehten und flehten, aber sie weinte und nannte sie grausam.

Prosili a úpěnlivě žádali, ale ona plakala a nazývala je krutými.

Einmal zogen sie sie mit purer Kraft und Wut vom Schlitten.

Jednou ji s velkou silou a vztekem stáhli ze saní.

Nach dem, was damals passiert ist, haben sie es nie wieder versucht.

Po tom, co se tehdy stalo, to už nikdy nezkusili.

Sie wurde schlaff wie ein verwöhntes Kind und setzte sich in den Schnee.

Ochabla jako rozmazlené dítě a sedla si do sněhu.

Sie gingen weiter, aber sie weigerte sich aufzustehen oder ihnen zu folgen.

Pokračovali dál, ale ona odmítla vstát nebo je následovat.

Nach drei Meilen hielten sie an, kehrten um und trugen sie zurück.

Po třech mílích se zastavili, vrátili se a odnesli ji zpět.

Sie luden sie wieder auf den Schlitten, wobei sie erneut rohe Gewalt anwandten.

Znovu ji naložili na saně, opět s použitím hrubé síly.

In ihrem tiefen Elend zeigten sie gegenüber dem Leid der Hunde keine Skrupel.

Ve svém hlubokém neštěstí byli k utrpení psů bezcitní.

Hal glaubte, man müsse sich abhärten und zwang anderen diesen Glauben auf.

Hal věřil, že člověk se musí zatvrdit, a vnucoval tuto víru ostatním.

Er versuchte zunächst, seiner Schwester seine Philosophie zu predigen

Nejprve se pokusil kázat svou filozofii své sestře

und dann predigte er erfolglos seinem Schwager.

a pak bez úspěchu kázal svému švagrovi.

Bei den Hunden hatte er mehr Erfolg, aber nur, weil er ihnen weh tat.

S psy měl větší úspěch, ale jen proto, že jim ubližoval.

Bei Five Fingers ist das Hundefutter komplett ausgegangen.

V obchodě Five Fingers došlo krmivo pro psy úplně.

Eine zahnlose alte Squaw verkaufte ein paar Pfund gefrorenes Pferdeleder

Bezzubá stará žena prodala pár liber zmrzlé koňské kůže

Hal tauschte seinen Revolver gegen das getrocknete Pferdefell.

Hal vyměnil revolver za sušenou koňskou kůži.

Das Fleisch stammte von den Pferden der Viehzüchter, die Monate zuvor verhungert waren.

Maso pocházelo od vyhladovělých koní chovatelů dobytka před měsíci.

Gefroren war die Haut wie verzinktes Eisen: zäh und ungenießbar.

Zmrzlá kůže byla jako pozinkované železo; tuhá a nepoživatelná.

Die Hunde mussten endlos auf dem Fell herumkauen, um es zu fressen.

Psi museli kůži donekonečna okusovat, aby ji snědli.

Doch die ledrigen Fäden und das kurze Haar waren kaum Nahrung.

Ale kožené vlákna a krátké vlasy sotva mohly být potravou.

Das Fell war größtenteils irritierend und kein echtes Nahrungsmittel.

Většina kůže byla dráždivá a v pravém slova smyslu to nebylo jídlo.

Und während all dem taumelte Buck vorne herum, wie in einem Albtraum.

A během toho všeho se Buck vpředu potácel jako v noční můře.

Er zog, wenn er dazu in der Lage war; wenn nicht, blieb er liegen, bis er mit einer Peitsche oder einem Knüppel hochgehoben wurde.

Kdykoli mohl, táhl; když ne, ležel, dokud ho bič nebo kyj nezvedli.

Sein feines, glänzendes Fell hatte jegliche Steifheit und jeglichen Glanz verloren, den es einst hatte.

Jeho jemná, lesklá srst ztratila veškerou tuhost a lesk, které kdysi měla.

Sein Haar hing schlaff herunter, war zerzaust und mit getrocknetem Blut von den Schlägen verklebt.

Vlasy mu visely zplihlé, rozcuchané a sražené zaschlou krví z úderů.

Seine Muskeln schrumpften zu Sehnen und seine Fleischpolster waren völlig abgenutzt.

Jeho svaly se scvrkly na provazce a jeho kožní polštářky byly všechny odřené.

Jede Rippe, jeder Knochen war deutlich durch die Falten der runzligen Haut zu sehen.

Každé žebro, každá kost jasně vykukovala skrz záhyby vrásčité kůže.

Es war herzzerreißend, doch Bucks Herz konnte nicht brechen.

Bylo to srdcervoucí, ale Buckovi se srdce zlomit nemohlo.

Der Mann im roten Pullover hatte das getestet und vor langer Zeit bewiesen.

Muž v červeném svetru si to už dávno vyzkoušel a dokázal.

So wie es bei Buck war, war es auch bei allen seinen übrigen Teamkollegen.

Stejně jako to bylo s Buckem, tak to bylo i se všemi jeho zbývajícími spoluhráči.

Insgesamt waren es sieben, jeder einzelne ein wandelndes Skelett des Elends.

Bylo jich celkem sedm, každý z nich byl chodící kostrou utrpení.

Sie waren gegenüber den Peitschenhieben taub geworden und spürten nur noch entfernten Schmerz.

Ztuhli k úderům bičem a cítili jen vzdálenou bolest.

Sogar Bild und Ton erreichten sie nur schwach, wie durch dichten Nebel.

Dokonce i zrak a zvuk k nim doléhaly slabě, jako by skrz hustou mlhu.

Sie waren nicht halb lebendig – es waren Knochen mit schwachen Funken darin.

Nebyly napůl živé – byly to kosti s matnými jiskrami uvnitř.

Als sie angehalten wurden, brachen sie wie Leichen zusammen, ihre Funken waren fast erloschen.

Když se zastavili, zhroutili se jako mrtvoly, jejich jiskry téměř vyhasly.

Und als die Peitsche oder der Knüppel erneut zuschlug, sprühten schwache Funken.

A když bič nebo kyj udeřil znovu, jiskry slabě zachvěly.

Dann erhoben sie sich, taumelten vorwärts und schleiften ihre Gliedmaßen vor sich her.

Pak se zvedli, potáceli se vpřed a táhli končetiny vpřed.

Eines Tages stürzte der nette Billee und konnte überhaupt nicht mehr aufstehen.

Jednoho dne laskavý Billee spadl a už se vůbec nemohl zvednout.

Hal hatte seinen Revolver eingetauscht und benutzte stattdessen eine Axt, um Billee zu töten.

Hal vyměnil svůj revolver, a tak místo toho zabil Billeeho sekerou.

Er schlug ihm auf den Kopf, schnitt dann seinen Körper los und schleifte ihn weg.

Udeřil ho do hlavy, pak mu rozřízl tělo a odtáhl ho pryč.

Buck sah dies und die anderen auch; sie wussten, dass der Tod nahe war.

Buck to viděl a ostatní také; věděli, že smrt je blízko.

Am nächsten Tag ging Koona und ließ nur fünf Hunde im hungernden Team zurück.

Druhý den Koona odešla a v hladovějícím spřežení zůstalo jen pět psů.

Joe war nicht länger gemein, sondern zu weit weg, um überhaupt noch viel mitzubekommen.

Joe, už ne zlý, byl příliš daleko na to, aby si vůbec něčeho všímal.

Pike täuschte seine Verletzung nicht länger vor und war kaum bei Bewusstsein.

Pike, který už nepředstíral své zranění, byl sotva při vědomí.

Solleks, der immer noch treu war, beklagte, dass er nicht mehr die Kraft hatte, etwas zu geben.

Solleks, stále věrný, truchlil nad tím, že nemá sílu dát.

Teek wurde am häufigsten geschlagen, weil er frischer war, aber schnell nachließ.

Teek byl nejvíc poražen, protože byl svěžejší, ale rychle slábl.

Und Buck, der immer noch in Führung lag, sorgte nicht länger für Ordnung und setzte sie auch nicht durch.

A Buck, stále v čele, už neudržoval pořádek ani ho nevymáhal.

Halb blind vor Schwäche folgte Buck der Spur nur nach Gefühl.

Napůl slepý slabostí Buck šel po stopě jen hmatem.

Es war schönes Frühlingswetter, aber keiner von ihnen bemerkte es.

Bylo krásné jarní počasí, ale nikdo z nich si toho nevšiml.

Jeden Tag ging die Sonne früher auf und später unter als zuvor.

Každý den slunce vycházelo dříve a zapadalo později než předtím.

Um drei Uhr morgens dämmerte es, die Dämmerung dauerte bis neun Uhr.
Ve tři hodiny ráno se rozednilo; soumrak trval do devíti.
Die langen Tage waren erfüllt von der vollen Strahlkraft des Frühlingssonnenscheins.
Dlouhé dny byly naplněny zářivým jarním sluncem.
Die gespenstische Stille des Winters hatte sich in ein warmes Murmeln verwandelt.
Přízračné ticho zimy se změnilo v teplý šum.
Das ganze Land erwachte und war erfüllt von der Freude am Leben.
Celá země se probouzela, ožívala radostí živých tvorů.
Das Geräusch kam von etwas, das den Winter über tot und reglos dagelegen hatte.
Zvuk vycházel z toho, co leželo mrtvé a nehybné přes zimu.
Jetzt bewegten sich diese Dinger wieder und schüttelten den langen Frostschlaf ab.
Teď se ty věci znovu pohnuly a setřásly dlouhý mrazivý spánek.
Saft stieg durch die dunklen Stämme der wartenden Kiefern.
Míza stoupala z tmavých kmenů čekajících borovic.
An jedem Zweig von Weiden und Espen treiben leuchtende junge Knospen aus.
Vrby a osiky na každé větvičce raší zářivé mladé pupeny.
Sträucher und Weinreben erstrahlten in frischem Grün, als der Wald zum Leben erwachte.
Keře a vinná réva se svěže zazelenaly, jak lesy ožívaly.
Nachts zirpten Grillen und in der Sonne krabbelten Käfer.
V noci štěbetali cvrčci a v denním slunci se hemžil hmyz.
Rebhühner dröhnten und Spechte klopften tief in den Bäumen.
Koroptve duněly a datli klepali hluboko ve stromech.
Eichhörnchen schnatterten, Vögel sangen und Gänse schnatterten über den Hunden.
Veverky štěbetaly, ptáci zpívali a husy kvílely nad psy.

Das Wildgeflügel kam in scharfen Keilen und flog aus dem Süden heran.

Divoké ptactvo se slétalo v ostrých klínech od jihu.

Von jedem Hügel ertönte die Musik verborgener, rauschender Bäche.

Z každého svahu se linula hudba skrytých, zurčících potoků.

Alles taute auf, brach, bog sich und geriet wieder in Bewegung.

Všechno rozmrzlo, prasklo, ohnulo se a znovu se dalo do pohybu.

Der Yukon bemühte sich, die Kälteketten des gefrorenen Eises zu durchbrechen.

Yukon se napínal, aby prolomil chladné řetězy zmrzlého ledu.

Das Eis schmolz von unten, während die Sonne es von oben zum Schmelzen brachte.

Led se roztál zespodu, zatímco slunce ho roztápělo shora.

Luftlöcher öffneten sich, Risse breiteten sich aus und Brocken fielen in den Fluss.

Otevřely se větrací otvory, rozšířily se praskliny a kusy padaly do řeky.

Inmitten dieses pulsierenden und lodernden Lebens taumelten die Reisenden.

Uprostřed všeho toho kypícího a planoucího života se cestovatelé potáceli.

Zwei Männer, eine Frau und ein Rudel Huskys liefen wie die Toten.

Dva muži, žena a smečka huskyů kráčeli jako mrtví.

Die Hunde fielen, Mercedes weinte, fuhr aber immer noch Schlitten.

Psi padali, Mercedes plakala, ale stále jela na saních.

Hal fluchte schwach und Charles blinzelte mit tränenden Augen.

Hal slabě zaklel a Charles zamrkal slzavýma očima.

Sie stolperten in John Thorntons Lager an der Mündung des White River.

Narazili na tábor Johna Thorntona u ústí Bílé řeky.

Als sie anhielten, fielen die Hunde flach um, als wären sie alle tot.

Když se zastavili, psi padli na zem, jako by byli všichni zasaženi smrtí.

Mercedes wischte sich die Tränen ab und sah zu John Thornton hinüber.

Mercedes si utřela slzy a pohlédla na Johna Thorntona.

Charles saß langsam und steif auf einem Baumstamm, mit Schmerzen vom Weg.

Karel seděl na kládě, pomalu a ztuhle, bolelo ho od bolesti z cesty.

Hal redete, während Thornton das Ende eines Axtstiels schnitzte.

Hal mluvil, zatímco Thornton vyřezával konec rukojeti sekery.

Er schnitzte Birkenholz und antwortete mit kurzen, bestimmten Antworten.

Řezal březové dřevo a odpovídal krátkými, pevnými odpověďmi.

Wenn man ihn fragte, gab er Ratschläge, war sich jedoch sicher, dass diese nicht befolgt würden.

Když byl požádán, dal radu, ale byl si jistý, že se jí nebude řídit.

Hal erklärte: „Sie sagten uns, dass das Eis auf dem Weg schmelzen würde."

Hal vysvětlil: „Řekli nám, že se led na stezce uvolňuje."

„Sie sagten, wir sollten bleiben, wo wir waren – aber wir haben es bis nach White River geschafft."

„Říkali, že máme zůstat tady – ale do White River jsme se dostali."

Er schloss mit höhnischem Ton, als wolle er einen Sieg in der Not für sich beanspruchen.

Skončil posměšným tónem, jako by si chtěl prohlásit vítězství v těžkostech.

„Und sie haben dir die Wahrheit gesagt", antwortete John Thornton Hal ruhig.

„A říkali ti pravdu," odpověděl John Thornton Halovi tiše.

„Das Eis kann jeden Moment nachgeben – es ist kurz davor, abzufallen."

„Led může každou chvíli povolit – je připravený odpadnout."

„Nur durch blindes Glück und ein paar Narren wäre es möglich gewesen, lebend so weit zu kommen."

„Jen slepé štěstí a blázni se mohli dostat tak daleko přeživší."

„Ich sage es Ihnen ganz offen: Ich würde mein Leben nicht für alles Gold Alaskas riskieren."

„Říkám ti rovnou, neriskoval bych život ani za všechno aljašské zlato."

„Das liegt wohl daran, dass Sie kein Narr sind", antwortete Hal.

„To je asi proto, že nejsi hlupák," odpověděl Hal.

„Trotzdem fahren wir weiter nach Dawson." Er rollte seine Peitsche ab.

„Stejně tak půjdeme do Dawsonu." Rozvinul bič.

„Komm rauf, Buck! Hallo! Steh auf! Los!", rief er barsch.

„Vylez nahoru, Bucku! Nazdar! Vstaň! No tak!" křičel drsně.

Thornton schnitzte weiter, wohl wissend, dass Narren nicht auf Vernunft hören.

Thornton dál řezbářil, protože věděl, že hlupáci na rozum neposlouchají.

Einen Narren aufzuhalten war sinnlos – und zwei oder drei Narren änderten nichts.

Zastavit hlupáka bylo marné – a dva nebo tři hlupáci nic nezměnili.

Doch als das Team Hal's Befehl hörte, bewegte es sich nicht.

Ale tým se na zvuk Halova rozkazu nepohnul.

Jetzt konnten sie nur noch durch Schläge wieder auf die Beine kommen und weiterkommen.

V tuto chvíli je mohly zvednout a posunout vpřed už jen údery.

Immer wieder knallte die Peitsche über die geschwächten Hunde.

Bič znovu a znovu šlehal po zesláblých psech.

John Thornton presste die Lippen fest zusammen und sah schweigend zu.

John Thornton pevně stiskl rty a mlčky se díval.

Solleks war der Erste, der unter der Peitsche auf die Beine kam.

Solleks se pod bičem jako první doplazil na nohy.

Dann folgte Teek zitternd. Joe schrie auf, als er stolperte.

Pak ho následoval třesoucí se Teek. Joe vykřikl, když se vyškrábal.

Pike versuchte aufzustehen, scheiterte zweimal und stand schließlich unsicher da.

Pike se pokusil vstát, dvakrát selhal a pak se konečně nejistě postavil.

Aber Buck blieb liegen, wo er hingefallen war, und bewegte sich dieses Mal überhaupt nicht.

Ale Buck ležel tam, kde padl, tentokrát se vůbec nehýbal.

Die Peitsche schlug immer wieder auf ihn ein, aber er gab keinen Laut von sich.

Bič ho sekl znovu a znovu, ale on nevydal ani hlásku.

Er zuckte nicht zusammen und wehrte sich nicht, sondern blieb einfach still und ruhig.

Neuhnul ani se nebránil, prostě zůstal nehybný a tichý.

Thornton rührte sich mehr als einmal, als wolle er etwas sagen, tat es aber nicht.

Thornton se několikrát pohnul, jako by chtěl promluvit, ale neudělal to.

Seine Augen wurden feucht und immer noch knallte die Peitsche gegen Buck.

Oči mu zvlhly a bič stále práskal do Bucka.

Schließlich begann Thornton langsam auf und ab zu gehen, unsicher, was er tun sollte.

Konečně se Thornton začal pomalu procházet sem a tam, nejistý si, co má dělat.

Es war das erste Mal, dass Buck versagt hatte, und Hal wurde wütend.

Bylo to poprvé, co Buck selhal, a Hal se rozzuřil.

Er warf die Peitsche weg und nahm stattdessen die schwere Keule.

Odhodil bič a místo toho zvedl těžký kyj.

Der Holzknüppel schlug hart auf, aber Buck stand immer noch nicht auf, um sich zu bewegen.

Dřevěná kyj tvrdě dopadla, ale Buck se stále nezvedl, aby se pohnul.

Wie seine Teamkollegen war er zu schwach – aber mehr als das.

Stejně jako jeho spoluhráči byl příliš slabý – ale víc než to.

Buck hatte beschlossen, sich nicht zu bewegen, egal was als Nächstes passieren würde.

Buck se rozhodl, že se nepohne, ať se stane cokoli.

Er spürte, wie etwas Dunkles und Bestimmtes direkt vor ihm schwebte.

Cítil, jak se před ním vznáší něco temného a jistého.

Diese Angst hatte ihn ergriffen, sobald er das Flussufer erreicht hatte.

Ta hrůza ho zmocnila, jakmile dorazil na břeh řeky.

Dieses Gefühl hatte ihn nicht verlassen, seit er das Eis unter seinen Pfoten dünner werden fühlte.

Ten pocit ho neopustil od chvíle, kdy cítil, jak je led pod jeho tlapkami tenký.

Etwas Schreckliches wartete – er spürte es gleich weiter unten auf dem Weg.

Čekalo na něj něco hrozného – cítil to hned za ním.

Er würde nicht auf das Schreckliche vor ihm zugehen

Neměl v úmyslu jít k té hrozné věci před sebou.

Er würde keinem Befehl gehorchen, der ihn zu diesem Ding führte.

Nehodlán poslechnout žádný rozkaz, který by ho k té věci dovedl.

Der Schmerz der Schläge war für ihn kaum noch spürbar, er war zu weit weg.

Bolest z ran se ho teď sotva dotýkala – byl už příliš daleko.

Der Funke des Lebens flackerte schwach und erlosch unter jedem grausamen Schlag.

Jiskra života slabě mihotala, ztlumená pod každým krutým úderem.

Seine Glieder fühlten sich fremd an, sein ganzer Körper
schien einem anderen zu gehören.

Jeho končetiny se zdály vzdálené; celé jeho tělo jako by patřilo
někomu jinému.

Er spürte eine seltsame Taubheit, als der Schmerz
vollständig nachließ.

Pocítil zvláštní necitlivost, když bolest úplně odezněla.

Aus der Ferne spürte er, dass er geschlagen wurde, aber er
wusste es kaum.

Z dálky cítil, že je bitý, ale sotva si to uvědomoval.

Er konnte die Schläge schwach hören, aber sie taten nicht
mehr wirklich weh.

Slabě slyšel ty dunivé údery, ale už ho doopravdy nebolely.

Die Schläge trafen, aber sein Körper schien nicht mehr sein
eigener zu sein.

Údery dopadaly, ale jeho tělo už nepřipadalo jako jeho vlastní.

Dann stieß John Thornton plötzlich und ohne Vorwarnung
einen wilden Schrei aus.

Pak náhle, bez varování, John Thornton divokým výkřikem
vyrazil.

Es war unartikuliert, eher der Schrei eines Tieres als eines
Menschen.

Bylo to nesrozumitelné, spíše křik zvířete než člověka.

Er sprang mit der Keule auf den Mann zu und stieß Hal
nach hinten.

Skočil na muže s obuškem a srazil Hala dozadu.

Hal flog, als wäre er von einem Baum getroffen worden, und
landete hart auf dem Boden.

Hal letěl, jako by ho srazil strom, a tvrdě přistál na zemi.

Mercedes schrie laut vor Panik und umklammerte ihr
Gesicht.

Mercedes hlasitě vykřikla panikou a chytila se za obličej.

Charles sah nur zu, wischte sich die Augen und blieb sitzen.

Karel se jen díval, otřel si oči a zůstal sedět.

Sein Körper war vor Schmerzen zu steif, um aufzustehen
oder beim Kampf mitzuhelfen.

Jeho tělo bylo příliš ztuhlé bolestí, než aby se mohl zvednout nebo pomoci v boji.

Thornton stand über Buck, zitterte vor Wut und konnte nicht sprechen.

Thornton stál nad Buckem, třásl se vzteky a nebyl schopen promluvit.

Er zitterte vor Wut und kämpfte darum, trotz allem seine Stimme wiederzufinden.

Třásl se vzteky a snažil se skrz ně najít hlas.

„Wenn du den Hund noch einmal schlägst, bringe ich dich um", sagte er schließlich.

„Jestli toho psa udeříš ještě jednou, zabiju tě," řekl nakonec.

Hal wischte sich das Blut aus dem Mund und kam wieder nach vorne.

Hal si setřel krev z úst a znovu přistoupil.

„Es ist mein Hund", murmelte er. „Geh mir aus dem Weg, sonst kriege ich dich wieder in Ordnung."

„To je můj pes," zamumlal. „Uhni mi z cesty, nebo tě napravím."

„Ich gehe nach Dawson und Sie halten mich nicht auf", fügte er hinzu.

„Jedu do Dawsonu a ty mě nezastavíš," dodal.

Thornton stand fest zwischen Buck und dem wütenden jungen Mann.

Thornton stál pevně mezi Buckem a rozzlobeným mladíkem.

Er hatte nicht die Absicht, zur Seite zu treten oder Hal vorbeizulassen.

Neměl v úmyslu ustoupit stranou ani nechat Hala projít.

Hal zog sein Jagdmesser heraus, das lang und gefährlich in der Hand lag.

Hal vytáhl svůj lovecký nůž, dlouhý a nebezpečný v ruce.

Mercedes schrie, dann weinte sie und lachte dann in wilder Hysterie.

Mercedes křičela, pak plakala a pak se divoce hystericky smála.

Thornton schlug mit dem Axtstiel hart und schnell auf Hals Hand.

Thornton udeřil Hala do ruky násadou sekery, silně a rychle.

Das Messer wurde aus Hals Griff gerissen und flog zu Boden.

Nůž Halovi vypadl z rukou a odletěl na zem.

Hal versuchte, das Messer aufzuheben, und Thornton klopfte erneut auf seine Fingerknöchel.

Hal se pokusil zvednout nůž a Thornton si znovu zabušil do klouby prstů.

Dann bückte sich Thornton, griff nach dem Messer und hielt es fest.

Pak se Thornton sehnul, popadl nůž a držel ho.

Mit zwei schnellen Hieben des Axtstiels zerschnitt er Bucks Zügel.

Dvěma rychlými údery rukojetí sekery přeřízl Buckovi otěže.

Hal hatte keine Kraft mehr, sich zu wehren, und trat von dem Hund zurück.

Hal v sobě nezbývala žádná bojovnost a ustoupil od psa.

Außerdem brauchte Mercedes jetzt beide Arme, um aufrecht zu bleiben.

Kromě toho teď Mercedes potřebovala obě paže, aby se udržela ve vzpřímené poloze.

Buck war dem Tod zu nahe, um noch einmal einen Schlitten ziehen zu können.

Buck byl příliš blízko smrti, než aby mohl znovu táhnout sáně.

Ein paar Minuten später legten sie ab und fuhren flussabwärts.

O pár minut později vyjeli a zamířili dolů po řece.

Buck hob schwach den Kopf und sah ihnen nach, wie sie die Bank verließen.

Buck slabě zvedl hlavu a sledoval, jak odcházejí z banky.

Pike führte das Team an, mit Solleks am Ende des Feldes.

Pike vedl tým, Solleks byl vzadu na místě volantu.

Joe und Teek gingen dazwischen, beide humpelten vor Erschöpfung.

Joe a Teek šli mezi nimi, oba kulhali vyčerpáním.

Mercedes saß auf dem Schlitten und Hal hielt die lange Lenkstange fest.

Mercedes seděla na saních a Hal se držel dlouhé tyče.

Charles stolperte hinterher, seine Schritte waren unbeholfen und unsicher.

Karel se klopýtal za nimi, jeho kroky byly neohrabané a nejisté.

Thornton kniete neben Buck und tastete vorsichtig nach gebrochenen Knochen.

Thornton klekl vedle Bucka a jemně hledal zlomené kosti.

Seine Hände waren rau, bewegten sich aber mit Freundlichkeit und Sorgfalt.

Jeho ruce byly drsné, ale pohybovaly se s laskavostí a péčí.

Bucks Körper wies Blutergüsse auf, wies jedoch keine bleibenden Verletzungen auf.

Buckovo tělo bylo pohmožděné, ale nevykazovalo žádná trvalá zranění.

Zurück blieben schrecklicher Hunger und nahezu völlige Schwäche.

Zůstal jen hrozný hlad a téměř totální slabost.

Als dies klar wurde, war der Schlitten bereits weit flussabwärts gefahren.

Než se to vyjasnilo, saně už byly daleko po proudu.

Mann und Hund sahen zu, wie der Schlitten langsam über das knackende Eis kroch.

Muž a pes sledovali, jak se sáně pomalu plazí po praskajícím ledu.

Dann sahen sie, wie der Schlitten in eine Mulde sank.

Pak viděli, jak se saně propadají do prohlubně.

Die Gee-Stange flog in die Höhe, und Hal klammerte sich immer noch vergeblich daran fest.

Tyč vyletěla vzhůru a Hal se jí stále marně držel.

Mercedes' Schrei erreichte sie über die kalte Ferne.

Mercedesin výkřik k nim dolehl přes chladnou dálku.

Charles drehte sich um und trat zurück – aber er war zu spät.

Karel se otočil a ustoupil – ale bylo už pozdě.

Eine ganze Eisdecke brach nach und sie alle fielen hindurch.

Celý ledový příkrov se propadl a všichni se skrz něj propadli.

Hunde, Schlitten und Menschen verschwanden im schwarzen Wasser darunter.

Psi, saně a lidé zmizeli v černé vodě pod nimi.

An der Stelle, an der sie vorbeigekommen waren, war nur ein breites Loch im Eis zurückgeblieben.

V místě, kudy prošli, zbyla v ledu jen široká díra.

Der Boden des Pfades war nach unten abgesunken – genau wie Thornton gewarnt hatte.

Dno stezky se propadlo – přesně jak Thornton varoval.

Thornton und Buck sahen sich einen Moment lang schweigend an.

Thornton a Buck se na sebe podívali a na okamžik zmlkli.

„Du armer Teufel", sagte Thornton leise und Buck leckte ihm die Hand.

„Ty ubohý ďáblíku," řekl Thornton tiše a Buck mu olízl ruku.

Aus Liebe zu einem Mann
Z lásky k muži

John Thornton erfror in der Kälte des vergangenen Dezembers seine Füße.
Johnu Thorntonovi loni v prosinci omrzly nohy.

Seine Partner machten es ihm bequem und ließen ihn allein genesen.
Jeho partneři ho uklidnili a nechali ho, aby se zotavil samotného.

Sie fuhren den Fluss hinauf, um ein Floß mit Sägestämmen für Dawson zu holen.
Vydali se proti proudu řeky, aby nashromáždili vor řezacích klád pro Dawsona.

Er humpelte noch leicht, als er Buck vor dem Tod rettete.
Když zachránil Bucka před smrtí, stále mírně kulhal.

Aber bei anhaltend warmem Wetter verschwand sogar dieses Hinken.
Ale s pokračujícím teplým počasím i to kulhání zmizelo.

Buck ruhte sich an langen Frühlingstagen am Flussufer aus.
Buck odpočíval během dlouhých jarních dnů na břehu řeky.

Er beobachtete das fließende Wasser und lauschte den Vögeln und Insekten.
Pozoroval tekoucí vodu a poslouchal ptáky a hmyz.

Langsam erlangte Buck unter Sonne und Himmel seine Kraft zurück.
Buck pod sluncem a oblohou pomalu nabýval na síle.

Nach einer Reise von dreitausend Meilen war eine Pause ein wunderbares Gefühl.
Odpočinek po ujetých třech tisících mil byl úžasný.

Buck wurde träge, als seine Wunden heilten und sein Körper an Gewicht zunahm.
Buck se stal líným, jak se mu hojily rány a tělo se mu vyplňovalo.

Seine Muskeln wurden fester und das Fleisch bedeckte wieder seine Knochen.
Jeho svaly zpevnily a maso se vrátilo, aby mu pokrylo kosti.

Sie ruhten sich alle aus – Buck, Thornton, Skeet und Nig.

Všichni odpočívali – Buck, Thornton, Skeet a Nig.

Sie warteten auf das Floß, das sie nach Dawson bringen sollte.

Čekali na vor, který je měl dopravit dolů do Dawsonu.

Skeet war ein kleiner Irish Setter, der sich mit Buck anfreundete.

Skeet byl malý irský setr, který se spřátelil s Buckem.

Buck war zu schwach und krank, um ihr bei ihrem ersten Treffen Widerstand zu leisten.

Buck byl příliš slabý a nemocný, aby jí při jejich prvním setkání odolal.

Skeet hatte die Heilereigenschaft, die manche Hunde von Natur aus besitzen.

Skeet měl léčitelskou vlastnost, kterou někteří psi přirozeně mají.

Wie eine Katzenmutter leckte und reinigte sie Bucks offene Wunden.

Jako kočičí matka olizovala a čistila Buckovy odřené rány.

Jeden Morgen nach dem Frühstück wiederholte sie ihre sorgfältige Arbeit.

Každé ráno po snídani opakovala svou pečlivou práci.

Buck erwartete ihre Hilfe ebenso sehr wie die von Thornton.

Buck očekával její pomoc stejně jako Thorntonovu.

Nig war auch freundlich, aber weniger offen und weniger liebevoll.

Nig byl také přátelský, ale méně otevřený a méně láskyplný.

Nig war ein großer schwarzer Hund, halb Bluthund, halb Hirschhund.

Nig byl velký černý pes, zčásti krveprolití a zčásti jelení pes.

Er hatte lachende Augen und eine unendlich gute Seele.

Měl smějící se oči a v duši nekonečnou dobrosrdečnost.

Zu Bucks Überraschung zeigte keiner der Hunde Eifersucht ihm gegenüber.

K Buckovu překvapení ani jeden pes na něj neprojevoval žárlivost.

Sowohl Skeet als auch Nig erfuhren die Freundlichkeit von John Thornton.

Skeet i Nig sdíleli laskavost Johna Thorntona.

Als Buck stärker wurde, verleiteten sie ihn zu albernen Hundespielen.

Jak Buck sílil, lákali ho do hloupých psích her.

Auch Thornton spielte oft mit ihnen und konnte ihrer Freude nicht widerstehen.

Thornton si s nimi také často hrál, protože nemohl odolat jejich radosti.

Auf diese spielerische Weise gelang Buck der Übergang von der Krankheit in ein neues Leben.

Touto hravou formou se Buck přenesl z nemoci do nového života.

Endlich hatte er Liebe gefunden – wahre, brennende und leidenschaftliche Liebe.

Láska – pravá, planoucí a vášnivá láska – konečně patřila jeho.

Auf Millers Anwesen hatte er diese Art von Liebe nie erlebt.

Na Millerově panství nikdy nepoznal takovou lásku.

Mit den Söhnen des Richters hatte er Arbeit und Abenteuer geteilt.

Se soudcovými syny sdílel práci i dobrodružství.

Bei den Enkeln sah er steifen und prahlerischen Stolz.

U vnuků viděl strnulou a chvástavou pýchu.

Mit Richter Miller selbst verband ihn eine respektvolle Freundschaft.

Se samotným soudcem Millerem ho pojímalo uctivé přátelství.

Doch mit Thornton kam eine Liebe, die Feuer, Wahnsinn und Anbetung war.

Ale s Thorntonem přišla láska, která byla ohněm, šílenstvím a uctíváním.

Dieser Mann hatte Bucks Leben gerettet, und das allein bedeutete sehr viel.

Tento muž zachránil Buckovi život a už jen to samo o sobě hodně znamenalo.

Aber darüber hinaus war John Thornton der ideale Meistertyp.

Ale víc než to, John Thornton byl ideálním typem mistra.

Andere Männer kümmerten sich aus Pflichtgefühl oder geschäftlicher Notwendigkeit um Hunde.

Jiní muži se o psy starali z povinnosti nebo pracovní nutnosti.

John Thornton kümmerte sich um seine Hunde, als wären sie seine Kinder.

John Thornton se o své psy staral, jako by to byly jeho děti.

Er kümmerte sich um sie, weil er sie liebte und einfach nicht anders konnte.

Staral se o ně, protože je miloval a prostě si nemohl pomoct.

John Thornton sah sogar weiter, als die meisten Menschen jemals sehen konnten.

John Thornton viděl ještě dál, než většina mužů kdy dokázala vidět.

Er vergaß nie, sie freundlich zu grüßen oder ein aufmunterndes Wort zu sagen.

Nikdy nezapomněl je vlídně pozdravit nebo pronést povzbudivé slovo.

Er liebte es, mit den Hunden zusammenzusitzen und lange zu reden, oder, wie er sagte, „gasy".

Miloval dlouhé rozhovory se psy, nebo jak říkal, „nadýmání".

Er packte Bucks Kopf gern grob zwischen seinen starken Händen.

Rád Buckovi hrubě svíral hlavu svýma silnýma rukama.

Dann lehnte er seinen Kopf an Bucks und schüttelte ihn sanft.

Pak si opřel hlavu o Buckovu a jemně s ní zatřásl.

Die ganze Zeit über beschimpfte er Buck mit unhöflichen Namen, die für ihn Liebe bedeuteten.

Celou dobu Buckovi nadával sprostými jmény, která pro Bucka znamenala lásku.

Buck bereiteten diese grobe Umarmung und diese Worte große Freude.

Buckovi to drsné objetí a ta slova přinesly hlubokou radost.

Sein Herz schien bei jeder Bewegung vor Glück zu beben.

Zdálo se, že se mu srdce při každém pohybu uvolňuje štěstím.

Als er anschließend aufsprang, sah sein Mund aus, als würde er lachen.

Když potom vyskočil, jeho ústa vypadala, jako by se smála.

Seine Augen leuchteten hell und seine Kehle zitterte vor unausgesprochener Freude.

Oči mu jasně zářily a hrdlo se mu tříslo nevyslovenou radostí.

Sein Lächeln blieb in diesem Zustand der Ergriffenheit und glühenden Zuneigung stehen.

Jeho úsměv v tom stavu emocí a zářící náklonnosti nehybně stával.

Dann rief Thornton nachdenklich aus: „Gott! Er kann fast sprechen!"

Pak Thornton zamyšleně zvolal: „Bože! Vždyť už skoro umí mluvit!"

Buck hatte eine seltsame Art, Liebe auszudrücken, die beinahe Schmerzen verursachte.

Buck měl zvláštní způsob vyjadřování lásky, který mu málem způsoboval bolest.

Er umklammerte Thorntons Hand oft sehr fest mit seinen Zähnen.

Často velmi pevně svíral Thorntonovu ruku v zubech.

Der Biss würde tiefe Spuren hinterlassen, die noch einige Zeit blieben.

Kousnutí mělo zanechat hluboké stopy, které zůstaly ještě nějakou dobu poté.

Buck glaubte, dass diese Eide Liebe waren, und Thornton wusste das auch.

Buck věřil, že ty přísahy jsou láska, a Thornton věděl totéž.

Meistens zeigte sich Bucks Liebe in stiller, fast stummer Verehrung.

Buckova láska se nejčastěji projevovala v tichém, téměř němém zbožňování.

Obwohl er sich freute, wenn man ihn berührte oder ansprach, suchte er nicht nach Aufmerksamkeit.

Ačkoli byl nadšený, když se ho někdo dotkl nebo na něj oslovil, nevyhledával pozornost.

Skeet schob ihre Nase unter Thorntons Hand, bis er sie streichelte.

Skeet strčila čumákem pod Thorntonovu ruku, dokud ji nepohladil.

Nig kam leise herbei und legte seinen großen Kopf auf Thorntons Knie.

Nig tiše přistoupil a položil svou velkou hlavu na Thorntonovo koleno.

Buck hingegen war zufrieden damit, aus respektvoller Distanz zu lieben.

Buck se naopak spokojil s láskou projevovanou z uctivé vzdálenosti.

Er lag stundenlang zu Thorntons Füßen, wachsam und aufmerksam beobachtend.

Hodiny ležel Thorntonovi u nohou, bdělý a bedlivě sledoval.

Buck studierte jedes Detail des Gesichts seines Herrn und jede kleinste Bewegung.

Buck studoval každý detail tváře svého pána a jeho sebemenší pohyb.

Oder er blieb weiter weg liegen und betrachtete schweigend die Gestalt des Mannes.

Nebo ležel dál a mlčky studoval mužovu postavu.

Buck beobachtete jede kleine Bewegung, jede Veränderung seiner Haltung oder Geste.

Buck sledoval každý malý pohyb, každou změnu postoje nebo gesta.

Diese Verbindung war so stark, dass sie Thorntons Blick oft auf sich zog.

Toto spojení bylo tak silné, že často přitahovalo Thorntonův pohled.

Er begegnete Bucks Blick ohne Worte, Liebe schimmerte deutlich hindurch.

Beze slov se setkal s Buckovým pohledem, z něhož jasně zářila láska.

Nach seiner Rettung ließ Buck Thornton lange Zeit nicht aus den Augen.

Dlouho poté, co byl Buck zachráněn, nespustil Thorntona z dohledu.

Immer wenn Thornton das Zelt verließ, folgte Buck ihm dicht auf den Fersen.

Kdykoli Thornton opustil stan, Buck ho těsně následoval ven.

All die strengen Herren im Nordland hatten Buck Angst gemacht, zu vertrauen.

Všichni ti drsní páni na Severu Bucka zastrašili a zbavili ho důvěry.

Er befürchtete, dass kein Mann länger als kurze Zeit sein Herr bleiben könnte.

Bál se, že žádný muž nemůže zůstat jeho pánem déle než krátkou dobu.

Er befürchtete, dass John Thornton wie Perrault und François verschwinden würde.

Bál se, že John Thornton zmizí jako Perrault a François.

Sogar nachts quälte die Angst, ihn zu verlieren, Buck mit unruhigem Schlaf.

I v noci pronásledoval Buckův neklidný spánek strach ze ztráty.

Als Buck aufwachte, kroch er in die Kälte hinaus und ging zum Zelt.

Když se Buck probudil, vyplížil se do chladu a šel ke stanu.

Er lauschte aufmerksam auf das leise Geräusch des Atmens in seinem Inneren.

Pozorně naslouchal, jestli neuslyší tichý zvuk vnitřního dýchání.

Trotz Bucks tiefer Liebe zu John Thornton blieb die Wildnis am Leben.

Navzdory Buckově hluboké lásce k Johnu Thorntonovi divočina zůstala naživu.

Dieser im Norden erwachte primitive Instinkt ist nicht verschwunden.

Ten primitivní instinkt, probuzený na Severu, nezmizel.

Liebe brachte Hingabe, Treue und die warme Verbundenheit des Kaminfeuers.

Láska přinesla oddanost, věrnost a vřelé pouto u krbu.

Aber Buck behielt auch seine wilden Instinkte, scharf und stets wachsam.

Buck si ale také zachoval své divoké instinkty, bystré a neustále ve střehu.

Er war nicht nur ein gezähmtes Haustier aus den sanften Ländern der Zivilisation.

Nebyl to jen ochočený mazlíček z měkkých končin civilizace.

Buck war ein wildes Wesen, das hereingekommen war, um an Thorntons Feuer zu sitzen.

Buck byl divoký tvor, který si přišel sednout k Thorntonovu ohni.

Er sah aus wie ein Südlandhund, aber in ihm lebte Wildheit.

Vypadal jako pes z Jihu, ale v sobě žil divokost.

Seine Liebe zu Thornton war zu groß, um zuzulassen, dass er den Mann bestohlen hätte.

Jeho láska k Thorntonovi byla příliš velká na to, aby mu dovolila okrást ho.

Aber in jedem anderen Lager würde er dreist und ohne Pause stehlen.

Ale v jakémkoli jiném táboře by kradl směle a bez zaváhání.

Er war beim Stehlen so geschickt, dass ihn niemand erwischen oder beschuldigen konnte.

Byl tak chytrý v krádeži, že ho nikdo nemohl chytit ani obvinit.

Sein Gesicht und sein Körper waren mit Narben aus vielen vergangenen Kämpfen übersät.

Jeho obličej a tělo byly pokryty jizvami z mnoha minulých bojů.

Buck kämpfte immer noch erbittert, aber jetzt kämpfte er mit mehr List.

Buck stále bojoval zuřivě, ale teď bojoval s větší lstivostí.

Skeet und Nig waren zu sanft, um zu kämpfen, und sie gehörten Thornton.

Skeet a Nig byli příliš jemní na to, aby se s nimi bojovalo, a patřili Thorntonovi.

Aber jeder fremde Hund, egal wie stark oder mutig, wich zurück.

Ale každý cizí pes, bez ohledu na to, jak silný nebo statečný byl, ustoupil.

Ansonsten kämpfte der Hund gegen Buck und um sein Leben.

Jinak se pes ocitl v situaci, kdy s Buckem bojoval; bojoval o život.

Buck kannte keine Gnade, wenn er sich entschied, gegen einen anderen Hund zu kämpfen.

Buck neměl slitování, jakmile se rozhodl bojovat s jiným psem.

Er hatte das Gesetz der Keule und des Reißzahns im Nordland gut gelernt.

Dobře se naučil zákon kyje a tesáku na Severu.

Er gab nie einen Vorteil auf und wich nie einer Schlacht aus.

Nikdy se nevzdal výhody a nikdy neustoupil z bitvy.

Er hatte Spitz und die wildesten Post- und Polizeihunde studiert.

Studoval Špice a nejzuřivější poštovní a policejní psy.

Er wusste genau, dass es im wilden Kampf keinen Mittelweg gab.

Jasně věděl, že v divokém boji není střední cesta.

Er musste herrschen oder beherrscht werden; Gnade zu zeigen, hieße, Schwäche zu zeigen.

Musel vládnout, nebo být ovládán; projevit milosrdenství znamenalo projevit slabost.

In der rauen und brutalen Welt des Überlebens kannte man keine Gnade.

V surovém a brutálním světě přežití bylo milosrdenství neznámé.

Gnade zu zeigen wurde als Angst angesehen und Angst führte schnell zum Tod.

Projevování milosrdenství bylo vnímáno jako strach a strach rychle vedl k smrti.

Das alte Gesetz war einfach: töten oder getötet werden, essen oder gefressen werden.

Starý zákon byl jednoduchý: zabij, nebo budeš zabit, sněz, nebo budeš sežrán.

Dieses Gesetz stammte aus längst vergangenen Zeiten und Buck befolgte es vollständig.

Ten zákon pocházel z hlubin času a Buck se jím plně řídil.

Buck war älter als sein Alter und die Anzahl seiner Atemzüge.

Buck byl starší, než na jaký věk a kolik nádechů se nadechl.

Er verband die ferne Vergangenheit klar mit der Gegenwart.

Jasně propojil dávnou minulost s přítomností.

Die tiefen Rhythmen der Zeitalter bewegten sich durch ihn wie die Gezeiten.

Hluboké rytmy věků se jím proháněly jako příliv a odliv.

Die Zeit pulsierte in seinem Blut so sicher, wie die Jahreszeiten die Erde bewegen.

Čas mu v krvi pulzoval stejně jistě, jako se roční období pohybovala zemí.

Er saß mit starker Brust und weißen Reißzähnen an Thorntons Feuer.

Seděl u Thorntonova ohně, se silnou hrudí a bílými tesáky.

Sein langes Fell wehte, aber hinter ihm beobachteten ihn die Geister wilder Hunde.

Jeho dlouhá srst vlala, ale za ním ho pozorovali duchové divokých psů.

Halbwölfe und Vollwölfe regten sich in seinem Herzen und seinen Sinnen.

V jeho srdci a smyslech se probouzely poloviční i skuteční vlci.

Sie probierten sein Fleisch und tranken dasselbe Wasser wie er.

Ochutnali jeho maso a pili stejnou vodu jako on.

Sie schnupperten neben ihm den Wind und lauschten dem Wald.

Nasmívali se větru vedle něj a naslouchali lesu.

Sie flüsterten die Bedeutung der wilden Geräusche in der Dunkelheit.

Šeptali významy divokých zvuků ve tmě.

Sie prägten seine Stimmungen und leiteten jede seiner stillen Reaktionen.

Formovaly jeho nálady a řídily každou z jeho tichých reakcí.

Sie lagen bei ihm, während er schlief, und wurden Teil seiner tiefen Träume.

Ležely s ním, když spal, a stávaly se součástí jeho hlubokých snů.

Sie träumten mit ihm, über ihn hinaus und bildeten seinen Geist.

Snili s ním, překračovali jeho hranice, a tvořili jeho samotnou duši.

Die Geister der Wildnis riefen so stark, dass Buck sich hingezogen fühlte.

Duchové divočiny volali tak silně, že se Buck cítil přitahován.

Mit jedem Tag wurden die Menschheit und ihre Ansprüche in Bucks Herzen schwächer.

Lidstvo a jeho nároky v Buckově srdci každým dnem slábly.

Tief im Wald würde ein seltsamer und aufregender Ruf erklingen.

Hluboko v lese se mělo ozvat zvláštní a vzrušující volání.

Jedes Mal, wenn er den Ruf hörte, verspürte Buck einen Drang, dem er nicht widerstehen konnte.

Pokaždé, když Buck uslyšel volání, pocítil nutkání, kterému nemohl odolat.

Er wollte sich vom Feuer und den ausgetretenen menschlichen Pfaden abwenden.

Chystal se odvrátit od ohně a od vyšlapaných lidských cest.

Er wollte in den Wald eintauchen und weitergehen, ohne zu wissen, warum.

Chystal se vrhnout se do lesa, jít vpřed, aniž by věděl proč.

Er hinterfragte diese Anziehungskraft nicht, denn der Ruf war tief und kraftvoll.

Nezpochybňoval tuto přitažlivost, neboť volání bylo hluboké a silné.

Oft erreichte er den grünen Schatten und die weiche, unberührte Erde

Často dosahoval zeleného stínu a měkké nedotčené země

Doch dann zog ihn die große Liebe zu John Thornton zurück zum Feuer.

Ale pak ho silná láska k Johnu Thorntonovi přitáhla zpět k ohni.

Nur John Thornton hatte Bucks wildes Herz wirklich in seiner Gewalt.

Pouze John Thornton skutečně držel Buckovo divoké srdce ve svém sevření.

Der Rest der Menschheit hatte für Buck keinen bleibenden Wert oder keine bleibende Bedeutung.

Zbytek lidstva pro Bucka neměl žádnou trvalou hodnotu ani význam.

Fremde könnten ihn loben oder ihm mit freundlichen Händen über das Fell streicheln.

Cizí lidé by ho mohli chválit nebo přátelsky hladit jeho srst.

Buck blieb ungerührt und ging vor lauter Zuneigung davon.

Buck zůstal nehnut a odešel z přílišné náklonnosti.

Hans und Pete kamen mit dem lange erwarteten Floß

Hans a Pete dorazili s vorem, na který se dlouho čekalo.

Buck ignorierte sie, bis er erfuhr, dass sie sich in der Nähe von Thornton befanden.

Buck je ignoroval, dokud se nedozvěděl, že jsou blízko Thorntonu.

Danach tolerierte er sie, zeigte ihnen jedoch nie seine volle Zuneigung.

Poté je toleroval, ale nikdy jim neprojevoval plnou vřelost.

Er nahm Essen oder Freundlichkeiten von ihnen an, als täte er ihnen einen Gefallen.

Přijímal od nich jídlo nebo laskavost, jako by jim prokazoval laskavost.

Sie waren wie Thornton – einfach, ehrlich und klar im Denken.

Byli jako Thornton – prostí, čestní a s jasným myšlením.

Gemeinsam reisten sie zu Dawsons Sägewerk und dem großen Wirbel

Všichni společně cestovali k Dawsonově pile a k velkému víru

Auf ihrer Reise lernten sie Bucks Wesen tiefgründig kennen.

Na své cestě se naučili hluboce porozumět Buckově povaze.

Sie versuchten nicht, sich näherzukommen, wie es Skeet und Nig getan hatten.

Nesnažili se sblížit jako Skeet a Nig.

Doch Bucks Liebe zu John Thornton wurde mit der Zeit immer stärker.

Buckova láska k Johnu Thorntonovi se ale časem jen prohlubovala.

Nur Thornton könnte Buck im Sommer eine Last auf die Schultern laden.

Jen Thornton dokázal v létě Buckovi na záda naložit batoh.

Was auch immer Thornton befahl, Buck war bereit, es uneingeschränkt zu tun.

Ať už Thornton přikázal cokoli, Buck byl ochoten splnit vše, co potřeboval.

Eines Tages, nachdem sie Dawson in Richtung der Quellgewässer des Tanana verlassen hatten,

Jednoho dne, poté, co opustili Dawson a vydali se k pramenům řeky Tanany,

die Gruppe saß auf einer Klippe, die dreihundert Fuß bis zum nackten Fels abfiel.

Skupina seděla na útesu, který se svažoval o metr níže k holé skále.

John Thornton saß nahe der Kante und Buck ruhte sich neben ihm aus.

John Thornton seděl blízko okraje a Buck odpočíval vedle něj.

Thornton hatte plötzlich eine Idee und rief die Männer auf sich aufmerksam.

Thorntona náhle napadla myšlenka a upoutal pozornost mužů.

Er deutete über den Abgrund und gab Buck einen einzigen Befehl.

Ukázal přes propast a dal Buckovi jediný rozkaz.

„Spring, Buck!", sagte er und schwang seinen Arm über den Abgrund.

„Skoč, Bucku!" řekl a natáhl ruku přes propast.

Einen Moment später musste er Buck packen, der sofort lossprang, um zu gehorchen.

V okamžiku musel chytit Bucka, který se chystal poslechnout.

Hans und Pete eilten nach vorne und zogen beide in Sicherheit.

Hans a Pete se vrhli dopředu a odtáhli oba zpět do bezpečí.

Nachdem alles vorbei war und sie wieder zu Atem gekommen waren, ergriff Pete das Wort.

Když všechno skončilo a oni popadli dech, promluvil Pete.

„Die Liebe ist unheimlich", sagte er, erschüttert von der wilden Hingabe des Hundes.

„Ta láska je zlověstná," řekl, otřesen psí zuřivou oddaností.

Thornton schüttelte den Kopf und antwortete mit ruhiger Ernsthaftigkeit.

Thornton zavrtěl hlavou a odpověděl s klidnou vážností.

„Nein, die Liebe ist großartig", sagte er, „aber auch schrecklich."

„Ne, láska je nádherná," řekl, „ale také hrozná."

„Manchmal, das muss ich zugeben, macht mir diese Art von Liebe Angst."

„Někdy musím přiznat, že mě tenhle druh lásky děsí."

Pete nickte und sagte: „Ich möchte nicht der Mann sein, der dich berührt."

Pete přikývl a řekl: „Nerad bych byl ten muž, co se tě dotkne."

Er sah Buck beim Sprechen ernst und voller Respekt an.

Při řeči se na Bucka díval vážně a plný úcty.

„Py Jingo!", sagte Hans schnell. „Ich auch nicht, nein, Sir."

„Py Jingo!" řekl Hans rychle. „Já taky ne, pane."

Noch vor Jahresende wurden Petes Befürchtungen in Circle City wahr.

Ještě před koncem roku se Petovy obavy v Circle City naplnily.

Ein grausamer Mann namens Black Burton hat in der Bar eine Schlägerei angezettelt.

Krutý muž jménem Black Burton se v baru popral.

Er war wütend und bösartig und ging auf einen Neuling los.

Byl rozzlobený a zlomyslný a útočil na nového mladíka.

John Thornton schritt ein, ruhig und gutmütig wie immer.

Vstoupil John Thornton, klidný a dobromyslný jako vždy.

**Buck lag mit gesenktem Kopf in einer Ecke und beobachtete
Thornton aufmerksam.**

Buck ležel v rohu se sklopenou hlavou a pozorně sledoval
Thorntona.

**Burton schlug plötzlich zu und sein Schlag ließ Thornton
herumwirbeln.**

Burton náhle udeřil a jeho rána Thorntona zatočila.

**Nur die Stangenreling verhinderte, dass er hart auf den
Boden stürzte.**

Pouze zábradlí hrazdy ho zabránilo v prudkém pádu na zem.

**Die Beobachter hörten ein Geräusch, das weder Bellen noch
Jaulen war**

Pozorovatelé slyšeli zvuk, který nebyl štěkání ani kňučení

**Ein tiefes Brüllen kam von Buck, als er auf den Mann
zustürzte.**

Buck se ozval hlubokým řevem, když se vrhl k muži.

**Burton riss seinen Arm hoch und rettete nur knapp sein
eigenes Leben.**

Burton zvedl ruku a jen tak tak si zachránil život.

Buck prallte gegen ihn und warf ihn flach auf den Boden.

Buck do něj narazil a srazil ho na podlahu.

**Buck biss tief in den Arm des Mannes und stürzte sich dann
auf die Kehle.**

Buck se hluboce zakousl do mužovy paže a pak se vrhl na krk.

**Burton konnte den Angriff nur teilweise blocken und sein
Hals wurde aufgerissen.**

Burton dokázal blokovat jen částečně a měl roztržený krk.

**Männer stürmten mit erhobenen Knüppeln herein und
vertrieben Buck von dem blutenden Mann.**

Muži vtrhli dovnitř s zdviženými obušky a odhnali Bucka od
krvácejícího muže.

**Ein Chirurg arbeitete schnell, um den Blutausfluss zu
stoppen.**

Chirurg rychle zasáhl, aby zastavil krvácení.

**Buck ging auf und ab und knurrte, während er immer
wieder versuchte anzugreifen.**

Buck přecházel sem a tam a vrčel a pokoušel se znovu a znovu zaútočit.

Nur schwingende Knüppel hielten ihn davon ab, Burton zu erreichen.

Pouze hole mu zabránily dosáhnout Burtona.

Eine Bergarbeiterversammlung wurde einberufen und noch vor Ort abgehalten.

Byla svolána a na místě se konala schůze horníků.

Sie waren sich einig, dass Buck provoziert worden war, und stimmten für seine Freilassung.

Shodli se, že Buck byl vyprovokován, a hlasovali pro jeho propuštění.

Doch Bucks wilder Name hallte nun durch jedes Lager in Alaska.

Ale Buckovo nelítostné jméno se nyní ozývalo v každém táboře na Aljašce.

Später im Herbst rettete Buck Thornton erneut auf eine neue Art und Weise.

Později téhož podzimu Buck Thorntona znovu zachránil novým způsobem.

Die drei Männer steuerten ein langes Boot durch wilde Stromschnellen.

Ti tři muži řídili dlouhý člun po rozbouřených peřejích.

Thornton steuerte das Boot und rief Anweisungen zur Küste.

Thornton řídil loď a volal pokyny k pobřeží.

Hans und Pete rannten an Land und hielten sich an einem Seil fest, das sie von Baum zu Baum führte.

Hans a Pete běželi po souši a drželi se za provaz převázaný od stromu ke stromu.

Buck hielt am Ufer Schritt und behielt seinen Herrn immer im Auge.

Buck držel krok na břehu a neustále sledoval svého pána.

An einer ungünstigen Stelle ragten Felsen aus dem schnellen Wasser hervor.

Na jednom nepříjemném místě vyčnívaly pod rychlou vodou skály.

Hans ließ das Seil los und Thornton steuerte das Boot weit.
Hans pustil lano a Thornton stočil loď do strany.

**Hans sprintete, um das Boot an den gefährlichen Felsen
vorbei wieder zu erreichen.**
Hans sprintoval, aby znovu dohnal loď za nebezpečnými
skalami.

**Das Boot passierte den Felsvorsprung, geriet jedoch in eine
stärkere Strömung.**
Loď sice překonala římsu, ale narazila do silnější části proudu.

**Hans griff zu schnell nach dem Seil und brachte das Boot
aus dem Gleichgewicht.**
Hans příliš rychle chytil lano a vyvedl loď z rovnováhy.

**Das Boot kenterte und prallte mit dem Hinterteil nach oben
gegen das Ufer.**
Loď se převrátila a narazila dnem vzhůru do břehu.

**Thornton wurde hinausgeworfen und in den wildesten Teil
des Wassers geschwemmt.**
Thorntona vymrštilo a smetlo do nejdivočejší části vody.

**Kein Schwimmer hätte in diesen tödlichen, reißenden
Gewässern überleben können.**
Žádný plavec by v těch smrtelně dravých vodách nepřežil.

**Buck sprang sofort hinein und jagte seinen Herrn den Fluss
hinunter.**
Buck okamžitě skočil a pronásledoval svého pána po řece.

Nach dreihundert Metern erreichte er endlich Thornton.
Po třech stech metrech konečně dorazil k Thorntonu.

**Thornton packte Buck am Schwanz und Buck drehte sich
zum Ufer um.**
Thornton chytil Bucka za ocas a Buck se otočil ke břehu.

**Er schwamm mit voller Kraft und kämpfte gegen den
wilden Sog des Wassers an.**
Plaval z plné síly a bojoval s divokým odporem vody.

**Sie bewegten sich schneller flussabwärts, als sie das Ufer
erreichen konnten.**
Pohybovali se po proudu rychleji, než stačili dosáhnout břehu.

**Vor ihnen toste der Fluss immer lauter und stürzte in
tödliche Stromschnellen.**

Řeka před nimi hučela hlasitěji, jak se řítila do smrtelně nebezpečných peřejí.

Felsen schnitten durch das Wasser wie die Zähne eines riesigen Kamms.

Kameny prořezávaly vodu jako zuby obrovského hřebenu.

Die Anziehungskraft des Wassers in der Nähe des Tropfens war wild und unausweichlich.

Přitažlivost vody u propadliště byla prudká a nevyhnutelná.

Thornton wusste, dass sie das Ufer nie rechtzeitig erreichen würden.

Thornton věděl, že se jim nikdy nepodaří dostat se na břeh včas.

Er schrammte über einen Felsen, zerschmetterte einen zweiten,

Škrábal se o jeden kámen, narazil do druhého,

Und dann prallte er gegen einen dritten Felsen, den er mit beiden Händen festhielt.

A pak narazil do třetí skály a chytil se jí oběma rukama.

Er ließ Buck los und übertönte das Gebrüll: „Los, Buck! Los!"

Pustil Bucka a zakřičel přes řev: „Do toho, Bucku! Do toho!"

Buck konnte sich nicht über Wasser halten und wurde von der Strömung mitgerissen.

Buck se neudržel na hladině a byl stržen proudem.

Er kämpfte hart und versuchte, sich umzudrehen, kam aber überhaupt nicht voran.

Zuřivě bojoval, snažil se otočit, ale vůbec se mu nepodařilo pohnout se.

Dann hörte er, wie Thornton den Befehl über das Tosen des Flusses hinweg wiederholte.

Pak uslyšel Thorntona, jak opakuje rozkaz přes hukot řeky.

Buck erhob sich aus dem Wasser und hob den Kopf, als wolle er einen letzten Blick werfen.

Buck se vynořil z vody a zvedl hlavu, jako by se na něj naposledy podíval.

dann drehte er sich um und gehorchte und schwamm entschlossen auf das Ufer zu.

pak se otočil, poslechl a odhodlaně plaval ke břehu.

Pete und Hans zogen ihn im letzten Moment an Land.

Pete a Hans ho v poslední možné chvíli vytáhli na břeh.

Sie wussten, dass Thornton sich nur noch wenige Minuten am Felsen festklammern konnte.

Věděli, že Thornton se skály vydrží držet už jen pár minut.

Sie rannten das Ufer hinauf zu einer Stelle weit oberhalb der Stelle, an der er hing.

Vyběhli po břehu k místu vysoko nad místem, kde visel.

Sie befestigten die Bootsleine sorgfältig an Bucks Hals und Schultern.

Pečlivě přivázali Buckovi k krku a ramenům lano od lodi.

Das Seil saß eng, war aber locker genug zum Atmen und für Bewegung.

Lano bylo pevné, ale dostatečně volné pro dýchání a pohyb.

Dann warfen sie ihn erneut in den reißenden, tödlichen Fluss.

Pak ho znovu spustili do zurčící, smrtící řeky.

Buck schwamm mutig, verpasste jedoch seinen Winkel in die Kraft des Stroms.

Buck plaval odvážně, ale minul svůj úhel a netrefil se do síly proudu.

Er sah zu spät, dass er an Thornton vorbeiziehen würde.

Příliš pozdě si uvědomil, že Thorntona mine.

Hans riss das Seil fest, als wäre Buck ein kenterndes Boot.

Hans trhl lanem, jako by Buck byl převracející se loď.

Die Strömung zog ihn nach unten und er verschwand unter der Oberfläche.

Proud ho stáhl pod hladinu a on zmizel.

Sein Körper schlug gegen das Ufer, bevor Hans und Pete ihn herauszogen.

Jeho tělo narazilo do břehu, než ho Hans a Pete vytáhli ven.

Er war halb ertrunken und sie haben das Wasser aus ihm herausgeprügelt.

Byl napůl utonutý a oni z něj vymlátili vodu.

Buck stand auf, taumelte und brach erneut auf dem Boden zusammen.

Buck vstal, zapotácel se a znovu se zhroutil na zem.

Dann hörten sie Thorntons Stimme, die schwach vom Wind getragen wurde.

Pak uslyšeli Thorntonův hlas slabě unášený větrem.

Obwohl die Worte undeutlich waren, wussten sie, dass er dem Tode nahe war.

Ačkoliv slova byla nejasná, věděli, že je blízko smrti.

Der Klang von Thorntons Stimme traf Buck wie ein elektrischer Schlag.

Zvuk Thorntonova hlasu zasáhl Bucka jako elektrický šok.

Er sprang auf, rannte das Ufer hinauf und kehrte zum Startpunkt zurück.

Vyskočil a běžel po břehu nahoru k místu startu.

Wieder banden sie Buck das Seil fest und wieder betrat er den Bach.

Znovu přivázali k Buckovi lano a on znovu vstoupil do potoka.

Diesmal schwamm er direkt und entschlossen in das rauschende Wasser.

Tentokrát plaval přímo a pevně do proudící vody.

Hans ließ das Seil langsam los, während Pete darauf achtete, dass es sich nicht verhedderte.

Hans pomalu pouštíval lano, zatímco Pete ho bránil v jeho zamotání.

Buck schwamm schnell, bis er direkt über Thornton auf einer Linie lag.

Buck plaval ze všech sil, dokud se nedostal těsně nad Thornton.

Dann drehte er sich um und raste wie ein Zug mit voller Geschwindigkeit nach unten.

Pak se otočil a řítil se dolů jako vlak v plné rychlosti.

Thornton sah ihn kommen, machte sich bereit und schlang die Arme um seinen Hals.

Thornton ho uviděl přicházet, připravil se na odpor a objal ho kolem krku.

Hans band das Seil fest um einen Baum, als beide unter Wasser gezogen wurden.

Hans pevně uvázal lano kolem stromu, když byli oba staženi pod zem.

Sie stürzten unter Wasser und zerschellten an Felsen und Flusstrümmern.

Padali pod vodu a naráželi do skal a říčních sutin.

In einem Moment war Buck oben, im nächsten erhob sich Thornton keuchend.

V jednu chvíli byl Buck nahoře a v další Thornton vstal a zalapal po dechu.

Zerschlagen und erstickend steuerten sie auf das Ufer zu und waren in Sicherheit.

Zbití a dusící se stočili k břehu a do bezpečí.

Thornton erlangte sein Bewusstsein wieder und lag quer über einem Treibholzbaumstamm.

Thornton se probral a ležel na naplaveném kmeni.

Hans und Pete haben hart gearbeitet, um ihm Atem und Leben zurückzugeben.

Hans a Pete tvrdě pracovali na tom, aby mu vrátili dech a život.

Sein erster Gedanke galt Buck, der regungslos und schlaff dalag.

Jeho první myšlenka patřila Buckovi, který ležel nehybně a bezvládně.

Nig heulte über Bucks Körper und Skeet leckte sanft sein Gesicht.

Nig zavýjel nad Buckovým tělem a Skeet mu jemně olízl obličej.

Thornton, wund und verletzt, untersuchte Buck mit vorsichtigen Händen.

Thornton, bolavý a pohmožděný, si Bucka pečlivě prohlédl.

Er stellte fest, dass der Hund drei Rippen gebrochen hatte, jedoch keine tödlichen Wunden aufwies.

Nalezl u psa zlomená tři žebra, ale žádná smrtelná zranění.

„Damit ist die Sache geklärt", sagte Thornton. „Wir zelten hier." Und das taten sie.

„Tím je to vyřešeno," řekl Thornton. „Tady táboříme." A taky tábořili.

Sie blieben, bis Bucks Rippen verheilt waren und er wieder laufen konnte.

Zůstali tam, dokud se Buckovi nezahojila žebra a on znovu nemohl chodit.

In diesem Winter vollbrachte Buck eine Leistung, die seinen Ruhm noch weiter steigerte.

Té zimy Buck předvedl čin, který jeho slávu ještě více zvýšil.

Es war weniger heroisch als Thornton zu retten, aber genauso beeindruckend.

Bylo to méně hrdinské než záchrana Thorntona, ale stejně působivé.

In Dawson benötigten die Partner Vorräte für eine weite Reise.

V Dawsonu potřebovali partneři zásoby na dalekou cestu.

Sie wollten nach Osten reisen, in unberührte Wildnisgebiete.

Chtěli cestovat na východ, do nedotčené divočiny.

Bucks Tat im Eldorado Saloon machte diese Reise möglich.

Buckův čin v saloonu Eldorado umožnil tuto cestu.

Es begann damit, dass Männer bei einem Drink mit ihren Hunden prahlten.

Začalo to tím, že se muži u drinků chlubili svými psy.

Bucks Ruhm machte ihn zur Zielscheibe von Herausforderungen und Zweifeln.

Buckova sláva z něj udělala terč výzev a pochybností.

Thornton blieb stolz und ruhig und verteidigte Bucks Namen standhaft.

Thornton, hrdý a klidný, pevně hájil Buckovo jméno.

Ein Mann sagte, sein Hund könne problemlos zweihundertsechsunddreißig kg ziehen.

Jeden muž řekl, že jeho pes dokáže s lehkostí utáhnout pět set liber.

Ein anderer sagte sechshundert und ein dritter prahlte mit siebenhundert.

Další řekl šest set a třetí se chlubil sedmi sty.

„Pfft!", sagte John Thornton, „Buck kann einen fünfhundert kg schweren Schlitten ziehen."

„Pch!" řekl John Thornton, „Buck utáhne tisícilibrové sáně."

Matthewson, ein Bonanza-König, beugte sich vor und forderte ihn heraus.

Matthewson, král Bonanzy, se naklonil dopředu a vyzval ho.

„Glauben Sie, er kann so viel Gewicht in Bewegung setzen?"

„Myslíš, že dokáže uvést do pohybu takovou váhu?"

„Und Sie glauben, er kann das Gewicht volle hundert Meter weit ziehen?"

„A myslíš, že tu váhu dokáže utáhnout celých sto yardů?"

Thornton antwortete kühl: „Ja. Buck ist Hund genug, um das zu tun."

Thornton chladně odpověděl: „Ano. Buck je dost pes na to, aby to dokázal."

„Er wird tausend Pfund in Bewegung setzen und es hundert Meter weit ziehen."

„Uvede do pohybu tisíc liber a utáhne to sto yardů."

Matthewson lächelte langsam und stellte sicher, dass alle Männer seine Worte hörten.

Matthewson se pomalu usmál a ujistil se, že všichni muži slyšeli jeho slova.

„Ich habe tausend Dollar, die sagen, dass er es nicht kann. Da ist es."

„Mám vsadit tisíc dolarů, že nemůže. Tady to je."

Er knallte einen Sack Goldstaub von der Größe einer Wurst auf die Theke.

Práskl o bar pytelem zlatého prachu velikosti klobásy.

Niemand sagte ein Wort. Die Stille um sie herum wurde drückend und angespannt.

Nikdo neřekl ani slovo. Ticho kolem nich tížilo a napínalo se.

Thorntons Bluff – wenn es denn einer war – war ernst genommen worden.

Thorntonův blaf – pokud to vůbec byl blaf – byl brán vážně.

Er spürte, wie ihm die Hitze im Gesicht aufstieg und das Blut in seine Wangen schoss.

Cítil, jak se mu do tváří hrne horko, jak se mu do tváří hrne krev.

In diesem Moment war seine Zunge seiner Vernunft voraus.

V tu chvíli jeho jazyk předběhl rozum.

Er wusste wirklich nicht, ob Buck fünfhundert kg bewegen konnte.

Opravdu nevěděl, jestli Buck dokáže pohnout tisíci liber.

Eine halbe Tonne! Allein die Größe ließ ihm das Herz schwer werden.

Půl tuny! Už jen ta velikost mu ztěžovala srdce.

Er hatte Vertrauen in Bucks Stärke und hielt ihn für fähig.

Věřil v Buckovu sílu a považoval ho za schopného.

Doch einer solchen Herausforderung war er noch nie begegnet, nicht auf diese Art und Weise.

Ale nikdy předtím nečelil takové výzvě, ne takovéhle.

Ein Dutzend Männer beobachteten ihn still und warteten darauf, was er tun würde.

Tucet mužů ho tiše pozorovalo a čekalo, co udělá.

Er hatte das Geld nicht – Hans und Pete auch nicht.

Neměl peníze – ani Hans, ani Pete.

„Ich habe draußen einen Schlitten", sagte Matthewson kalt und direkt.

„Mám venku sáně," řekl Matthewson chladně a přímočaře.

„Es ist mit zwanzig Säcken zu je fünfzig Pfund beladen, alles Mehl.

„Je naloženo dvaceti pytli, každý o hmotnosti padesáti liber, samá mouka."

Lassen Sie sich also jetzt nicht von einem fehlenden Schlitten als Ausrede ausreden", fügte er hinzu.

„Takže teď nenechte chybějící saně být vaší výmluvou," dodal.

Thornton stand still da. Er wusste nicht, was er sagen sollte.

Thornton mlčel. Nevěděl, jaká slova by měl říct.

Er blickte sich die Gesichter an, ohne sie deutlich zu erkennen.

Rozhlédl se po tvářích, ale neviděl je jasně.

Er sah aus wie ein Mann, der in Gedanken erstarrt war und versuchte, neu zu starten.

Vypadal jako muž ztuhlý v myšlenkách, který se snaží znovu nastartovat.

Dann sah er Jim O'Brien, einen Freund aus der Mastodon-Zeit.

Pak uviděl Jima O'Briena, přítele z dob Mastodonta.

Dieses vertraute Gesicht gab ihm Mut, von dem er nicht wusste, dass er ihn hatte.

Ta známá tvář mu dodala odvahu, o které ani nevěděl, že ji má.

Er drehte sich um und fragte mit leiser Stimme: „Können Sie mir tausend leihen?"

Otočil se a tiše se zeptal: „Můžete mi půjčit tisíc?"

„Sicher", sagte O'Brien und ließ bereits einen schweren Sack neben dem Gold fallen.

„Jasně," řekl O'Brien a už u zlata pustil těžký pytel.

„Aber ehrlich gesagt, John, ich glaube nicht, dass das Biest das tun kann."

„Ale upřímně, Johne, nevěřím, že by tohle ta bestie dokázala."

Alle im Eldorado Saloon strömten nach draußen, um sich die Veranstaltung anzusehen.

Všichni v saloonu Eldorado se vyhrnuli ven, aby se na událost podívali.

Sie ließen Tische und Getränke zurück und sogar die Spiele wurden unterbrochen.

Opustili stoly a nápoje a dokonce i hry byly pozastaveny.

Dealer und Spieler kamen, um das Ende der kühnen Wette mitzuerleben.

Krupiéři a hazardní hráči se přišli podívat na konec odvážné sázky.

Hunderte versammelten sich auf der vereisten Straße um den Schlitten.

Stovky lidí se shromáždily kolem saní na zledovatělé otevřené ulici.

Matthewsons Schlitten stand mit einer vollen Ladung Mehlsäcke da.

Matthewsonovy sáně stály plné pytlů mouky.

Der Schlitten stand stundenlang bei Minustemperaturen.

Sáně stály hodiny v mínusových teplotách.

Die Kufen des Schlittens waren fest am festgetretenen Schnee festgefroren.

Běžce saní byly pevně přimrzlé k udusanému sněhu.

Die Männer wetteten zwei zu eins, dass Buck den Schlitten nicht bewegen könne.

Muži vsadili dva ku jedné, že Buck nedokáže pohnout saněmi.

Es kam zu einem Streit darüber, was „ausbrechen" eigentlich bedeutet.

Vypukl spor o to, co slovo „vybuchnout" skutečně znamená.

O'Brien sagte, Thornton solle die festgefrorene Basis des Schlittens lösen.

O'Brien řekl, že Thornton by měl uvolnit zamrzlou základnu saní.

Buck könnte dann aus einem soliden, bewegungslosen Start „ausbrechen".

Buck se pak mohl „prorazit" z pevného, nehybného startu.

Matthewson argumentierte, dass der Hund auch die Läufer befreien müsse.

Matthewson argumentoval, že pes musí také osvobodit běžce.

Die Männer, die von der Wette gehört hatten, stimmten Matthewsons Ansicht zu.

Muži, kteří sázku slyšeli, souhlasili s Matthewsonovým názorem.

Mit dieser Entscheidung stiegen die Chancen auf drei zu eins gegen Buck.

S tímto rozhodnutím se kurz zvýšil na tři ku jedné proti Buckovi.

Niemand trat vor, um die wachsende Drei-zu-eins-Chance auf sich zu nehmen.

Nikdo se nepostavil dopředu, aby využil rostoucího kurzu tři ku jedné.

Kein einziger Mann glaubte, dass Buck diese große Leistung vollbringen könnte.

Ani jeden muž nevěřil, že Buck dokáže takový velký čin.

Thornton war zu der Wette gedrängt worden, obwohl er voller Zweifel war.

Thorntona do sázky vtáhli spěchaně, zahlceného pochybnostmi.

Nun blickte er auf den Schlitten und das zehnköpfige Hundegespann daneben.

Teď se podíval na sáně a desetipsí spřežení vedle nich.

Als ich die Realität der Aufgabe sah, erschien sie noch unmöglicher.

Skutečnost, s jakou se úkol potýkal, ho ještě více ztěžovala.

Matthewson war in diesem Moment voller Stolz und Selbstvertrauen.

Matthewson byl v tu chvíli plný hrdosti a sebevědomí.

„Drei zu eins!", rief er. „Ich wette noch tausend, Thornton!"

„Tři ku jedné!" křičel. „Vsadím se na další tisíc, Thorntone!"

Was sagst du dazu?", fügte er laut genug hinzu, dass es alle hören konnten.

„Co říkáš?" dodal dostatečně hlasitě, aby ho všichni slyšeli.

Thorntons Gesicht zeigte seine Zweifel, aber sein Geist war aufgeblüht.

Thorntonova tvář prozrazovala pochybnosti, ale jeho duch se povznesl.

Dieser Kampfgeist ignorierte alle Widrigkeiten und fürchtete sich überhaupt nicht.

Ten bojovný duch ignoroval překážky a nebál se vůbec ničeho.

Er forderte Hans und Pete auf, ihr gesamtes Bargeld auf den Tisch zu bringen.

Zavolal Hanse a Peta, aby přinesli všechny své peníze ke stolu.

Ihnen blieb nicht mehr viel übrig – insgesamt nur zweihundert Dollar.

Zbývalo jim málo – dohromady jen dvě stě dolarů.

Diese kleine Summe war ihr gesamtes Vermögen in schweren Zeiten.

Tato malá částka představovala jejich celkové jmění v těžkých časech.

Dennoch setzten sie ihr gesamtes Vermögen auf Matthewsons Wette.

Přesto vsadili veškeré jmění proti Matthewsonově sázce.

Das zehnköpfige Hundegespann wurde abgekoppelt und vom Schlitten wegbewegt.

Desetipsí spřežení bylo odvázáno a od saní se vzdálilo.

Buck wurde in die Zügel genommen und trug sein vertrautes Geschirr.

Buck byl posazen do otěží a měl na sobě svůj známý postroj.

Er hatte die Energie der Menge aufgefangen und die Spannung gespürt.

Zachytil energii davu a cítil napětí.

Irgendwie wusste er, dass er etwas für John Thornton tun musste.

Nějak věděl, že pro Johna Thorntona musí něco udělat.

Die Leute murmelten voller Bewunderung über die stolze Gestalt des Hundes.

Lidé s obdivem šeptali nad psí hrdou postavou.

Er war schlank und stark und hatte kein einziges Gramm Fleisch zu viel.

Byl štíhlý a silný, bez jediné unce masa navíc.

Sein Gesamtgewicht von hundertfünfzig Pfund bestand nur aus Kraft und Ausdauer.

Jeho celková váha sto padesáti liber byla v podstatě síla a vytrvalost.

Bucks Fell glänzte wie Seide und strotzte vor Gesundheit und Kraft.

Buckův kabát se třpytil jako hedvábí, hustý zdravím a silou.

Das Fell an seinem Hals und seinen Schultern schien sich aufzurichten und zu sträuben.

Srst na krku a ramenou se mu zježila a naježila.

Seine Mähne bewegte sich leicht, jedes Haar war voller Energie.

Jeho hříva se lehce pohnula, každý vlas ožil jeho obrovskou energií.

Seine breite Brust und seine starken Beine passten zu seinem schweren, robusten Körperbau.

Jeho široký hrudník a silné nohy ladily s jeho mohutnou, robustní postavou.

Unter seinem Mantel spannten sich Muskeln, straff und fest wie geschmiedetes Eisen.

Svaly pod jeho kabátem se vlnily, napjaté a pevné jako spoutané železo.

Männer berührten ihn und schworen, er sei gebaut wie eine Stahlmaschine.

Muži se ho dotýkali a přísahali, že je stavěný jako ocelový stroj.

Die Quoten sanken leicht auf zwei zu eins gegen den großen Hund.

Kurz mírně klesl na dva ku jedné proti skvělému psu.

Ein Mann von den Skookum Benches drängte sich stotternd nach vorne.

Muž ze Skookumových laviček se s koktáním protlačil vpřed.

„Gut, Sir! Ich biete achthundert für ihn – vor der Prüfung, Sir!"

„Dobře, pane! Nabízím za něj osm set – ještě před zkouškou, pane!"

„Achthundert, so wie er jetzt dasteht!", beharrte der Mann.

„Osm set, jak teď stojí!" trval na svém muž.

Thornton trat vor, lächelte und schüttelte ruhig den Kopf.

Thornton vystoupil vpřed, usmál se a klidně zavrtěl hlavou.

Matthewson schritt schnell mit warnender Stimme und einem Stirnrunzeln ein.

Matthewson rychle vstoupil varovným hlasem a zamračil se.

„Sie müssen Abstand von ihm halten", sagte er. „Geben Sie ihm Raum."

„Musíš od něj ustoupit," řekl. „Dej mu prostor."

Die Menge verstummte; nur die Spieler boten noch zwei zu eins.

Dav ztichl; jen hazardní hráči stále sázeli dva ku jedné.

Alle bewunderten Bucks Körperbau, aber die Last schien zu groß.

Všichni obdivovali Buckovu stavbu těla, ale náklad vypadal příliš velký.

Zwanzig Säcke Mehl – jeder fünfzig Pfund schwer – schienen viel zu viel.

Dvacet pytlů mouky – každý o hmotnosti padesáti liber – se zdálo příliš mnoho.

Niemand war bereit, seinen Geldbeutel zu öffnen und sein Geld zu riskieren.

Nikdo nebyl ochoten otevřít váček a riskovat své peníze.

Thornton kniete neben Buck und nahm seinen Kopf in beide Hände.

Thornton si klekl vedle Bucka a vzal mu hlavu do obou dlaní.

Er drückte seine Wange an Bucks und sprach in sein Ohr.

Přitiskl tvář k Buckově a promluvil mu do ucha.

Es gab jetzt kein spielerisches Schütteln oder geflüsterte liebevolle Beleidigungen.

Teď už se neozvalo žádné hravé třásání ani šeptání láskyplných urážek.

Er murmelte nur leise: „So sehr du mich liebst, Buck."

Jen tiše zamumlal: „Stejně jako mě miluješ, Bucku."

Buck stieß ein leises Winseln aus, seine Begierde konnte er kaum zurückhalten.

Buck tiše zakňučel, sotva potlačoval svou dychtivost.

Die Zuschauer beobachteten neugierig, wie Spannung in der Luft lag.

Přihlížející se zvědavostí sledovali, jak se vzduchem šíří napětí.

Der Moment fühlte sich fast unwirklich an, wie etwas jenseits der Vernunft.

Ten okamžik se zdál téměř neskutečný, jako něco nerozumného.

Als Thornton aufstand, nahm Buck sanft seine Hand zwischen die Kiefer.

Když Thornton vstal, Buck mu jemně vzal ruku do čelistí.

Er drückte mit den Zähnen nach unten und ließ dann langsam und sanft los.

Zatlačil zuby a pak pomalu a jemně pustil.

Es war eine stille Antwort der Liebe, nicht ausgesprochen, aber verstanden.

Byla to tichá odpověď lásky, ne vyřčená, ale pochopená.

Thornton trat weit von dem Hund zurück und gab das Signal.

Thornton ustoupil daleko od psa a dal znamení.

„Jetzt, Buck", sagte er und Buck antwortete mit konzentrierter Ruhe.

„Tak, Bucku," řekl a Buck odpověděl se soustředěným klidem.

Buck spannte die Leinen und lockerte sie dann um einige Zentimeter.

Buck utáhl popruhy a pak je o pár centimetrů povolil.

Dies war die Methode, die er gelernt hatte; seine Art, den Schlitten zu zerbrechen.

Tohle byla metoda, kterou se naučil; jeho způsob, jak rozbít sáně.

„Mensch!", rief Thornton mit scharfer Stimme in der schweren Stille.

„Páni!" vykřikl Thornton ostrým hlasem v těžkém tichu.

Buck drehte sich nach rechts und stürzte sich mit seinem gesamten Gewicht nach vorn.

Buck se otočil doprava a celou svou vahou se vrhl dovnitř.

Das Spiel verschwand und Bucks gesamte Masse traf die straffen Leinen.

Vůle zmizela a Buckova celá hmotnost dopadla na úzké kolejnice.

Der Schlitten zitterte und die Kufen machten ein knackendes, knisterndes Geräusch.

Sáně se třásly a jezdce vydávaly ostrý praskavý zvuk.

„Haw!", befahl Thornton und änderte erneut Bucks Richtung.

„Há!" zavelel Thornton a znovu změnil Buckův směr.

Buck wiederholte die Bewegung und zog diesmal scharf nach links.

Buck zopakoval pohyb, tentokrát prudce zatáhl doleva.

Das Knacken des Schlittens wurde lauter, die Kufen knackten und verschoben sich.

Sáně praskaly hlasitěji, kluzáky cvakaly a posouvaly se.

Die schwere Last rutschte leicht seitwärts über den gefrorenen Schnee.

Těžký náklad se mírně posouval do strany po zmrzlém sněhu.

Der Schlitten hatte sich aus der Umklammerung des eisigen Pfades gelöst!

Sáně se vytrhly ze sevření zledovatělé stezky!

Die Männer hielten den Atem an, ohne zu merken, dass sie nicht einmal atmeten.

Muži zadržovali dech, aniž by si uvědomovali, že ani nedýchají.

„Jetzt ZIEHEN!", rief Thornton durch die eisige Stille.

„A teď TAHNI!" zvolal Thornton mrazivým tichem.

Thorntons Befehl klang scharf wie ein Peitschenknall.

Thorntonův rozkaz zazněl ostře, jako prásknutí bičem.

Buck stürzte sich mit einem heftigen und heftigen Ausfallschritt nach vorne.

Buck se prudkým a prudkým výpadem vrhl vpřed.

Sein ganzer Körper war aufgrund der enormen Belastung angespannt und verkrampft.

Celé jeho tělo se napjalo a shrblo při vypětí všech sil.

Unter seinem Fell spannten sich Muskeln wie lebendig werdende Schlangen.

Svaly se mu pod srstí vlnily jako ožívající hadi.

Seine breite Brust war tief, der Kopf nach vorne zum Schlitten gestreckt.

Jeho mohutná hruď byla nízká, hlava natažená dopředu k saním.

Seine Pfoten bewegten sich blitzschnell und seine Krallen zerschnitten den gefrorenen Boden.

Jeho tlapky se pohybovaly jako blesk, drápy řezaly do zmrzlé země.

Er kämpfte um jeden Zentimeter Bodenhaftung und hinterließ tiefe Rillen.

Drážky se mu vyřezávaly hluboko, zatímco bojoval o každý centimetr trakce.

Der Schlitten schaukelte, zitterte und begann eine langsame, unruhige Bewegung.

Sáně se zakymácely, chvěly a začaly se pomalu a nejistě pohybovat.

Ein Fuß rutschte aus und ein Mann in der Menge stöhnte laut auf.

Jedna noha mu uklouzla a muž v davu hlasitě zasténal.

Dann machte der Schlitten mit einer ruckartigen, heftigen Bewegung einen Satz nach vorne.

Pak se sáně trhavým, drsným pohybem vrhly vpřed.

Es hörte nicht wieder auf – noch einen halben Zoll … einen Zoll … zwei Zoll mehr.

Znovu se to nezastavilo – o půl palce… o palec… o dva palce víc.

Die Stöße wurden kleiner, als der Schlitten an Geschwindigkeit zunahm.

Trhání se zmenšovalo, jak sáně začaly nabírat rychlost.

Bald zog Buck mit sanfter, gleichmäßiger Rollkraft.

Buck brzy táhl s hladkou, rovnoměrnou a valivou silou.

Die Männer schnappten nach Luft und erinnerten sich schließlich wieder daran zu atmen.

Muži zalapali po dechu a konečně si vzpomněli, že se mají znovu nadechnout.

Sie hatten nicht bemerkt, dass ihnen vor Ehrfurcht der Atem stockte.

Nevšimli si, že se jim úžasem zastavil dech.

Thornton rannte hinterher und rief kurze, fröhliche Befehle.

Thornton běžel za ním a vykřikoval krátké, veselé povely.

Vor uns lag ein Stapel Brennholz, der die Entfernung markierte.

Před námi byla hromada dříví, která označovala vzdálenost.

Als Buck sich dem Haufen näherte, wurde der Jubel immer lauter.

Jak se Buck blížil k hromadě, jásot byl stále hlasitější a hlasitější.

Der Jubel schwoll zu einem Brüllen an, als Buck den Endpunkt passierte.

Jásot přerostl v řev, když Buck prošel konečnou stanicí.

Männer sprangen auf und schrien, sogar Matthewson grinste.

Muži skákali a křičeli, dokonce i Matthewson se usmál.

Hüte flogen durch die Luft, Fäustlinge wurden gedankenlos und ziellos herumgeworfen.

Klobouky létaly do vzduchu, palčáky byly bezmyšlenkovitě a bezcílně pohazovány.

Männer packten einander und schüttelten sich die Hände, ohne zu wissen, wer es war.

Muži se navzájem chytili a potřásli si rukama, aniž by věděli komu.

Die ganze Menge war in wilder, freudiger Stimmung.

Celý dav bzučel divokou, radostnou oslavou.

Thornton fiel mit zitternden Händen neben Buck auf die Knie.

Thornton klesl s třesoucíma se rukama na kolena vedle Bucka.

Er drückte seinen Kopf an Bucks und schüttelte ihn sanft hin und her.

Přitiskl hlavu k Buckově a jemně s ním zatřásl sem a tam.

Diejenigen, die näher kamen, hörten, wie er den Hund mit stiller Liebe verfluchte.

Ti, kdo se přiblížili, ho slyšeli, jak s tichou láskou psa proklínal.

Er beschimpfte Buck lange – leise, herzlich und emotional.

Dlouho Bucka zaklel – tiše, vřele, s dojetím.

„Gut, Sir! Gut, Sir!", rief der König der Skookum-Bank hastig.

„Výborně, pane! Výborně, pane!" zvolal spěšně král Skookumské lavičky.

„Ich gebe Ihnen tausend – nein, zwölfhundert – für diesen Hund, Sir!"

„Dám vám za toho psa tisíc – ne, dvanáct set – pane!"

Thornton stand langsam auf, seine Augen glänzten vor Emotionen.

Thornton se pomalu zvedl na nohy, oči mu zářily emocemi.

Tränen strömten ihm ohne jede Scham über die Wangen.

Slzy mu stékaly po tvářích proudem, aniž by se za to styděl.

„Sir", sagte er zum König der Skookum-Bank, ruhig und bestimmt

„Pane," řekl králi Skookumské lavičky klidně a pevně

„Nein, Sir. Sie können zur Hölle fahren, Sir. Das ist meine endgültige Antwort."

„Ne, pane. Můžete jít do pekla, pane. To je moje konečná odpověď."

Buck packte Thorntons Hand sanft mit seinen starken Kiefern.

Buck jemně chytil Thorntonovu ruku do svých silných čelistí.

Thornton schüttelte ihn spielerisch, ihre Bindung war so tief wie eh und je.

Thornton s ním hravě zatřásl, jejich pouto bylo hluboké jako vždy.

Die Menge, bewegt von diesem Moment, trat schweigend zurück.

Dav, dojat okamžikem, mlčky ustoupil.

Von da an wagte es niemand mehr, diese heilige Zuneigung zu unterbrechen.

Od té doby se nikdo neodvážil přerušit tuto posvátnou náklonnost.

Der Klang des Rufs
Zvuk volání

Buck hatte in fünf Minuten Sechzehnhundert Dollar verdient.
Buck si za pět minut vydělal šestnáct set dolarů.
Mit dem Geld konnte John Thornton einen Teil seiner Schulden begleichen.
Peníze umožnily Johnu Thorntonovi splatit část jeho dluhů.
Mit dem restlichen Geld machte er sich mit seinen Partnern auf den Weg nach Osten.
Se zbytkem peněz se se svými partnery vydal na východ.
Sie suchten nach einer sagenumwobenen verlorenen Mine, die so alt ist wie das Land selbst.
Hledali bájný ztracený důl, starý jako samotná země.
Viele Männer hatten nach der Mine gesucht, aber nur wenige hatten sie je gefunden.
Mnoho mužů hledalo důl, ale jen málokdo ho našel.
Während der gefährlichen Suche waren nicht wenige Männer verschwunden.
Během nebezpečné výpravy zmizelo více než několik mužů.
Diese verlorene Mine war sowohl in Geheimnisse als auch in eine alte Tragödie gehüllt.
Tento ztracený důl byl zahalen záhadou i starou tragédií.
Niemand wusste, wer der erste Mann war, der die Mine entdeckt hatte.
Nikdo nevěděl, kdo byl prvním mužem, který důl objevil.
In den ältesten Geschichten wird niemand namentlich erwähnt.
Nejstarší příběhy nezmiňují nikoho jménem.
Dort hatte immer eine alte, baufällige Hütte gestanden.
Vždycky tam stávala stará zchátralá chata.
Sterbende Männer hatten geschworen, dass sich neben dieser alten Hütte eine Mine befand.
Umírající muži přísahali, že vedle té staré chaty je důl.
Sie bewiesen ihre Geschichten mit Gold, wie es nirgendwo sonst zu finden ist.

Své příběhy dokázali zlatem, jaké se jinde nenajde.

Keine lebende Seele hatte den Schatz von diesem Ort jemals geplündert.

Nikdo živý nikdy poklad z toho místa neukradl.

Die Toten waren tot, und Tote erzählen keine Geschichten.

Mrtví byli mrtví a mrtví muži nevyprávějí žádné příběhy.

Also machten sich Thornton und seine Freunde auf den Weg in den Osten.

Thornton a jeho přátelé se tedy vydali na Východ.

Pete und Hans kamen mit Buck und sechs starken Hunden.

Pete a Hans se přidali a přivedli Bucka a šest silných psů.

Sie begaben sich auf einen unbekannten Weg, an dem andere gescheitert waren.

Vydali se neznámou cestou, kde jiní selhali.

Sie rodelten siebzig Meilen den zugefrorenen Yukon River hinauf.

Sáňkovali sedmdesát mil proti proudu zamrzlé řeky Yukon.

Sie bogen links ab und folgten dem Pfad bis zum Stewart.

Odbočili doleva a šli po stezce do řeky Stewart.

Sie passierten Mayo und McQuestion und drängten weiter.

Minuli Mayo a McQuestion a pokračovali dál.

Der Stewart schrumpfte zu einem Strom, der sich durch zerklüftete Gipfel schlängelte.

Řeka Stewart se zmenšila do potoka, vinoucího se mezi rozeklanými vrcholky.

Diese scharfen Gipfel markierten das Rückgrat des Kontinents.

Tyto ostré vrcholy označovaly samotnou páteř kontinentu.

John Thornton verlangte wenig von den Menschen oder der Wildnis.

John Thornton od mužů i divočiny málo požadoval.

Er fürchtete nichts in der Natur und begegnete der Wildnis mit Leichtigkeit.

V přírodě se ničeho nebál a divočině čelil s lehkostí.

Nur mit Salz und einem Gewehr konnte er reisen, wohin er wollte.

Jen se solí a puškou mohl cestovat, kam chtěl.

Wie die Eingeborenen jagte er auf seiner Reise nach Nahrung.
Stejně jako domorodci lovil potravu během své cesty.
Wenn er nichts fing, machte er weiter und vertraute auf sein Glück.
Pokud nic nechytil, pokračoval dál a důvěřoval štěstí.
Auf dieser langen Reise war Fleisch die Hauptnahrungsquelle.
Na této dlouhé cestě jedli hlavně maso.
Der Schlitten enthielt Werkzeuge und Munition, jedoch keinen strengen Zeitplan.
Saně nesly nářadí a munici, ale žádný přísný časový harmonogram nebyl stanoven.
Buck liebte dieses Herumwandern, die endlose Jagd und das Fischen.
Buck miloval toto putování; nekonečný lov a rybaření.
Wochenlang waren sie Tag für Tag unterwegs.
Týdny cestovali den za dnem.
Manchmal schlugen sie Lager auf und blieben wochenlang dort.
Jindy si postavili tábory a zůstávali v klidu celé týdny.
Die Hunde ruhten sich aus, während die Männer im gefrorenen Dreck gruben.
Psi odpočívali, zatímco muži se prohrabávali zmrzlou hlínou.
Sie erwärmten Pfannen über dem Feuer und suchten nach verborgenem Gold.
Ohřívali pánve na ohni a hledali skryté zlato.
An manchen Tagen hungerten sie, an anderen feierten sie Feste.
Některé dny hladověli a některé dny měli hostiny.
Ihre Mahlzeiten hingen vom Wild und vom Jagdglück ab.
Jejich jídlo záviselo na zvěři a štěstí při lovu.
Als der Sommer kam, trugen Männer und Hunde schwere Lasten auf ihren Rücken.
Když přišlo léto, muži a psi si naložili na záda náklady.
Sie fuhren mit dem Floß über blaue Seen, die in Bergwäldern versteckt waren.

Splavovali modré jezera skryté v horských lesích na raftech.

Sie segelten in schmalen Booten auf Flüssen, die noch nie von Menschen kartiert worden waren.

Pluli na štíhlých člunech po řekách, které ještě nikdo nezmapoval.

Diese Boote wurden aus Bäumen gebaut, die sie in der Wildnis gesägt haben.

Ty lodě byly postaveny ze stromů, které řezali ve volné přírodě.

Die Monate vergingen und sie schlängelten sich durch die wilden, unbekannten Länder.

Měsíce plynuly a oni se klikatili divokými neznámými kraji.

Es waren keine Männer dort, doch alte Spuren deuteten darauf hin, dass Männer dort gewesen waren.

Nebyli tam žádní muži, přesto staré stopy naznačovaly, že tam muži byli.

Wenn die verlorene Hütte echt war, dann waren einst andere hier entlang gekommen.

Pokud Ztracená chata existovala, pak tudy kdysi prošli i jiní.

Sie überquerten hohe Pässe bei Schneestürmen, sogar im Sommer.

Překračovali vysoké průsmyky ve vánicích, a to i v létě.

Sie zitterten unter der Mitternachtssonne auf kahlen Berghängen.

Třásli se pod půlnočním sluncem na holých horských svazích.

Zwischen der Baumgrenze und den Schneefeldern stiegen sie langsam auf.

Mezi hranicí lesa a sněhovými poli pomalu stoupali.

In warmen Tälern schlugen sie nach Schwärmen aus Mücken und Fliegen.

V teplých údolích odháněli mraky komárů a much.

Sie pflückten süße Beeren in der Nähe von Gletschern in voller Sommerblüte.

Sbírali sladké bobule poblíž ledovců v plném letním květu.

Die Blumen, die sie fanden, waren genauso schön wie die im Süden.

Květiny, které našli, byly stejně krásné jako ty v Jihu.

Im Herbst erreichten sie eine einsame Region voller stiller Seen.

Toho podzimu dorazili do opuštěné oblasti plné tichých jezer.

Das Land war traurig und leer, einst voller Vögel und Tiere.

Země byla smutná a prázdná, kdysi plná ptáků a zvířat.

Jetzt gab es kein Leben mehr, nur noch den Wind und das Eis, das sich in Pfützen bildete.

Teď už tam nebyl žádný život, jen vítr a led tvořivý v tůních.

Mit einem sanften, traurigen Geräusch schlugen die Wellen gegen die leeren Ufer.

Vlny se s tichým, truchlivým zvukem tříštily o prázdné břehy.

Ein weiterer Winter kam und sie folgten erneut schwachen, alten Spuren.

Přišla další zima a oni se opět vydali po slabých, starých stezkách.

Dies waren die Spuren von Männern, die schon lange vor ihnen gesucht hatten.

To byly stezky mužů, kteří hledali dávno před nimi.

Einmal fanden sie einen Pfad, der tief in den dunklen Wald hineinreichte.

Jednou našli stezku vytesanou hluboko do temného lesa.

Es war ein alter Pfad und sie hatten das Gefühl, dass die verlorene Hütte ganz in der Nähe war.

Byla to stará stezka a měli pocit, že ztracená chata je blízko.

Doch die Spur führte nirgendwo hin und verlor sich im dichten Wald.

Ale stezka nikam nevedla a mizela v hustém lese.

Wer auch immer die Spur angelegt hat und warum, das wusste niemand.

Kdokoli stezku vybudoval a proč ji vybudoval, nikdo nevěděl.

Später fanden sie das Wrack einer Hütte, versteckt zwischen den Bäumen.

Později našli mezi stromy ukrytou trosku chaty.

Verrottende Decken lagen verstreut dort, wo einst jemand geschlafen hatte.

Tam, kde kdysi někdo spal, ležely rozházené tlející deky.

John Thornton fand darin ein Steinschlossgewehr mit langem Lauf.

John Thornton našel uvnitř zakopanou křesadlovou zbraň s dlouhou hlavní.

Er wusste, dass es sich um eine Waffe von Hudson Bay aus den frühen Handelstagen handelte.

Věděl, že se jedná o dělo z Hudsonova zálivu, už z raných dob obchodování.

Damals wurden solche Gewehre gegen Stapel von Biberfellen eingetauscht.

V těch dobách se takové zbraně vyměňovaly za hromady bobřích kůží.

Das war alles – von dem Mann, der die Hütte gebaut hatte, gab es keine Spur mehr.

To bylo vše – nezůstala žádná stopa po muži, který chatu postavil.

Der Frühling kam wieder und sie fanden keine Spur von der verlorenen Hütte.

Jaro přišlo znovu a po Ztracené chatě nenašli ani stopu.

Stattdessen fanden sie ein breites Tal mit einem seichten Bach.

Místo toho našli široké údolí s mělkým potokem.

Gold lag wie glatte, gelbe Butter auf dem Pfannenboden.

Zlato leželo na dně pánve jako hladké, žluté máslo.

Sie hielten dort an und suchten nicht weiter nach der Hütte.

Zastavili se tam a dál chatu nehledali.

Jeden Tag arbeiteten sie und fanden Tausende in Goldstaub.

Každý den pracovali a našli tisíce ve zlatém prachu.

Sie packten das Gold in Säcke aus Elchhaut, jeder Fünfzig Pfund schwer.

Zlato balili do pytlů z losí kůže, každý o hmotnosti padesáti liber.

Die Säcke waren wie Brennholz vor ihrer kleinen Hütte gestapelt.

Pytle byly naskládány jako dříví před jejich malou chatkou.

Sie arbeiteten wie Giganten und die Tage vergingen wie im Flug.
Pracovali jako obři a dny ubíhaly jako rychlé sny.
Sie häuften Schätze an, während die endlosen Tage schnell vorbeizogen.
Hromadili poklady, zatímco nekonečné dny rychle ubíhaly.
Außer ab und zu Fleisch zu schleppen, gab es für die Hunde nicht viel zu tun.
Psi neměli moc co dělat, kromě toho, že občas tahali maso.
Thornton jagte und tötete das Wild, und Buck lag am Feuer.
Thornton lovil a zabíjel zvěř a Buck ležel u ohně.
Er verbrachte viele Stunden schweigend, versunken in Gedanken und Erinnerungen.
Trávil dlouhé hodiny v tichu, ztracen v myšlenkách a vzpomínkách.
Das Bild des haarigen Mannes kam Buck immer häufiger in den Sinn.
Obraz chlupatého muže se Buckovi stále častěji vybavoval.
Jetzt, wo es kaum noch Arbeit gab, träumte Buck, während er ins Feuer blinzelte.
Teď, když bylo práce málo, Buck snil a mrkal do ohně.
In diesen Träumen wanderte Buck mit dem Mann in eine andere Welt.
V těch snech se Buck s mužem toulal v jiném světě.
Angst schien das stärkste Gefühl in dieser fernen Welt zu sein.
Strach se zdál být nejsilnějším pocitem v tom vzdáleném světě.
Buck sah, wie der haarige Mann mit gesenktem Kopf schlief.
Buck viděl chlupatého muže spát se skloněnou hlavou.
Seine Hände waren gefaltet und sein Schlaf war unruhig und unterbrochen.
Měl sepjaté ruce a spánek neklidný a přerušovaný.
Er wachte immer ruckartig auf und starrte ängstlich in die Dunkelheit.
S trhnutím se probouzel a s hrůzou zíral do tmy.

Dann warf er mehr Holz ins Feuer, um die Flamme hell zu halten.

Pak přihodil do ohně další dřevo, aby plameny jasně hořely.

Manchmal spazierten sie an einem Strand entlang, der an einem grauen, endlosen Meer entlangführte.

Někdy se procházeli po pláži u šedého, nekonečného moře.

Der haarige Mann sammelte Schalentiere und aß sie im Gehen.

Chlupatý muž sbíral korýše a jedl je za pochodu.

Seine Augen suchten immer nach verborgenen Gefahren in den Schatten.

Jeho oči neustále hledaly skrytá nebezpečí ve stínech.

Seine Beine waren immer bereit, beim ersten Anzeichen einer Bedrohung loszusprinten.

Jeho nohy byly vždy připravené k útěku při prvním náznaku ohrožení.

Sie schlichen still und vorsichtig Seite an Seite durch den Wald.

Plížili se lesem, tiší a ostražití, bok po boku.

Buck folgte ihm auf den Fersen und beide blieben wachsam.

Buck ho následoval v patách a oba zůstali ve střehu.

Ihre Ohren zuckten und bewegten sich, ihre Nasen schnüffelten in der Luft.

Uši se jim škubaly a hýbaly, nosy čichaly vzduch.

Der Mann konnte den Wald genauso gut hören und riechen wie Buck.

Muž slyšel a cítil les stejně ostře jako Buck.

Der haarige Mann schwang sich mit plötzlicher Geschwindigkeit durch die Bäume.

Chlupatý muž se s náhlou rychlostí prohnal mezi stromy.

Er sprang von Ast zu Ast, ohne jemals den Halt zu verlieren.

Skákal z větve na větev a nikdy se nenechal unést.

Er bewegte sich über dem Boden genauso schnell wie auf ihm.

Pohyboval se nad zemí stejně rychle jako po ní.

Buck erinnerte sich an lange Nächte, in denen er unter den Bäumen Wache hielt.

Buck si vzpomněl na dlouhé noci pod stromy, kdy hlídal.

Der Mann schlief auf seiner Stange in den Zweigen und klammerte sich fest.

Muž spal schoulený ve větvích a pevně se jich držel.

Diese Vision des haarigen Mannes war eng mit dem tiefen Ruf verbunden.

Tato vize chlupatého muže byla úzce spjata s hlubokým voláním.

Der Ruf klang noch immer mit eindringlicher Kraft durch den Wald.

Volání stále znělo lesem s děsivou silou.

Der Anruf erfüllte Buck mit Sehnsucht und einem rastlosen Gefühl der Freude.

Hovor naplnil Bucka touhou a neklidným pocitem radosti.

Er spürte seltsame Triebe und Regungen, die er nicht benennen konnte.

Cítil zvláštní nutkání a podněty, které nedokázal pojmenovat.

Manchmal folgte er dem Ruf tief in die Stille des Waldes.

Někdy následoval volání hluboko do tichého lesa.

Er suchte nach dem Ruf und bellte dabei leise oder scharf.

Hledal volání a cestou štěkal tiše nebo ostře.

Er roch am Moos und der schwarzen Erde, wo die Gräser wuchsen.

Čichal k mechu a černé půdě, kde rostly trávy.

Er schnaubte entzückt über den reichen Geruch der tiefen Erde.

S potěšením si odfrkl nad bohatou vůní hlubin země.

Er hockte stundenlang hinter pilzbefallenen Baumstämmen.

Hodiny se krčil za kmeny pokrytými houbami.

Er blieb still und lauschte mit großen Augen jedem noch so kleinen Geräusch.

Zůstal bez hnutí a s vytřeštěnýma očima naslouchal každému sebemenšímu zvuku.

Vielleicht hoffte er, das Wesen, das den Ruf auslöste, zu überraschen.

Možná doufal, že překvapí tu věc, která zavolala.

Er wusste nicht, warum er so handelte – er tat es einfach.

Nevěděl, proč se tak chová – prostě se choval.

Die Triebe kamen aus der Tiefe, jenseits von Denken und Vernunft.

Touhy vycházely z hloubi nitra, zpoza myšlení nebo rozumu.

Unwiderstehliche Triebe überkamen Buck ohne Vorwarnung oder Grund.

Bucka se bez varování a bezdůvodně zmocnily neodolatelné nutkání.

Manchmal döste er träge im Lager in der Mittagshitze.

Občas lenivě dřímal v táboře v poledním horku.

Plötzlich hob er den Kopf und stellte aufmerksam die Ohren auf.

Najednou zvedl hlavu a nastražil uši.

Dann sprang er auf und stürmte ohne Pause in die Wildnis.

Pak vyskočil a bez zaváhání se rozběhl do divočiny.

Er rannte stundenlang durch Waldwege und offene Flächen.

Běhal celé hodiny lesními cestami a otevřenými prostranstvími.

Er liebte es, trockenen Bachläufen zu folgen und Vögel in den Bäumen zu beobachten.

Rád sledoval vyschlá koryta potoků a pozoroval ptáky ve stromech.

Er könnte den ganzen Tag versteckt liegen und den Rebhühnern beim Herumstolzieren zusehen.

Mohl by ležet schovaný celý den a pozorovat koroptve, jak se procházejí kolem.

Sie trommelten und marschierten, ohne Bucks Anwesenheit zu bemerken.

Bubnovali a pochodovali, aniž by si uvědomovali Buckovu stále přítomnou přítomnost.

Doch am meisten liebte er das Laufen in der Sommerdämmerung.

Ale nejvíc miloval běhání za soumraku v létě.

Das schwache Licht und die schläfrigen Waldgeräusche erfüllten ihn mit Freude.

Tlumené světlo a ospalé lesní zvuky ho naplňovaly radostí.

Er las die Zeichen des Waldes so deutlich, wie ein Mann ein Buch liest.
Četl lesní cedule stejně jasně, jako člověk čte knihu.
Und er suchte immer nach dem seltsamen Ding, das ihn rief.
A neustále hledal tu podivnou věc, která ho volala.
Dieser Ruf hörte nie auf – er erreichte ihn im Wachzustand und im Schlaf.
To volání nikdy nepřestávalo – doléhalo k němu, ať už byl vzhůru, nebo spal.

Eines Nachts erwachte er mit einem Ruck, die Augen waren scharf und die Ohren gespitzt.
Jednou v noci se s trhnutím probudil, s bystrýma očima a nastraženýma ušima.
Seine Nasenlöcher zuckten, während seine Mähne in Wellen sträubte.
Nozdry se mu škubaly, když se mu hříva ježila ve vlnách.
Aus der Tiefe des Waldes ertönte erneut der alte Ruf.
Z hlubin lesa se znovu ozval zvuk, to staré volání.
Diesmal war der Ton klar und deutlich zu hören, ein langes, eindringliches, vertrautes Heulen.
Tentokrát zvuk zazněl jasně, dlouhé, pronikavé, známé vytí.
Es klang wie der Schrei eines Huskys, aber mit einem seltsamen und wilden Ton.
Bylo to jako křik chraplavého psa, ale podivného a divokého tónu.
Buck erkannte das Geräusch sofort – er hatte das genaue Geräusch vor langer Zeit gehört.
Buck ten zvuk poznal hned – přesně ten samý zvuk slyšel už dávno.
Er sprang durch das Lager und verschwand schnell im Wald.
Proskočil táborem a rychle zmizel v lese.
Als er sich dem Geräusch näherte, wurde er langsamer und bewegte sich vorsichtig.
Jak se blížil k zvuku, zpomalil a pohyboval se opatrně.
Bald erreichte er eine Lichtung zwischen dichten Kiefern.
Brzy dorazil na mýtinu mezi hustými borovicemi.

Dort saß aufrecht auf seinen Hinterbeinen ein großer, schlanker Timberwolf.

Tam, vzpřímeně na zadek, seděl vysoký, štíhlý lesní vlk.

Die Nase des Wolfes zeigte zum Himmel und hallte noch immer den Ruf wider.

Vlčí čumák směřoval k nebi a stále se ozýval ozvěnou volání.

Buck hatte keinen Laut von sich gegeben, doch der Wolf blieb stehen und lauschte.

Buck nevydal ani hlásku, přesto se vlk zastavil a naslouchal.

Der Wolf spürte etwas, spannte sich an und suchte die Dunkelheit ab.

Vlk něco vycítil, napjal se a prohledával tmu.

Buck schlich ins Blickfeld, mit gebeugtem Körper und ruhigen Füßen auf dem Boden.

Buck se vplížil do zorného pole, tělo při zemi, nohy tiše stály na zemi.

Sein Schwanz war gerade, sein Körper vor Anspannung zusammengerollt.

Ocas měl rovný a tělo napjaté napětím.

Er zeigte sowohl eine bedrohliche als auch eine Art raue Freundschaft.

Projevoval zároveň hrozbu i jakési drsné přátelství.

Es war die vorsichtige Begrüßung, die wilde Tiere einander entgegenbrachten.

Byl to ostražitý pozdrav, jaký sdílejí divoká zvířata.

Aber der Wolf drehte sich um und floh, sobald er Buck sah.

Ale vlk se otočil a utekl, jakmile spatřil Bucka.

Buck nahm die Verfolgung auf und sprang wild um sich, begierig darauf, es einzuholen.

Buck se dal za ním, divoce poskakoval a dychtivě ho dohonil.

Er folgte dem Wolf in einen trockenen Bach, der durch einen Holzstau blockiert war.

Následoval vlka do vyschlého potoka zablokovaného dřevěným závalem.

In die Enge getrieben, wirbelte der Wolf herum und blieb stehen.

Zahnaný do kouta, vlk se otočil a zůstal stát na místě.

Der Wolf knurrte und schnappte wie ein gefangener Husky im Kampf.

Vlk vrčel a štěkal jako chycený husky v boji.

Die Zähne des Wolfes klickten schnell, sein Körper strotzte vor wilder Wut.

Vlčí zuby rychle cvakaly a jeho tělo se ježilo divokou zuřivostí.

Buck griff nicht an, sondern umkreiste den Wolf mit vorsichtiger Freundlichkeit.

Buck nezaútočil, ale s opatrnou a přátelskou péčí vlka obešel.

Durch langsame, harmlose Bewegungen versuchte er, seine Flucht zu verhindern.

Snažil se mu zabránit v útěku pomalými, neškodnými pohyby.

Der Wolf war vorsichtig und verängstigt – Buck war dreimal so schwer wie er.

Vlk byl ostražitý a vyděšený – Buck ho třikrát převažoval.

Der Kopf des Wolfes reichte kaum bis zu Bucks massiver Schulter.

Vlčí hlava sotva dosahovala Buckovi k mohutnému rameni.

Der Wolf hielt Ausschau nach einer Lücke, rannte los und die Jagd begann von neuem.

Vlk hledal mezeru, dal se na útěk a honička se znovu rozpoutala.

Buck drängte ihn mehrere Male in die Enge und der Tanz wiederholte sich.

Buck ho několikrát zahnal do kouta a tanec se opakoval.

Der Wolf war dünn und schwach, sonst hätte Buck ihn nicht fangen können.

Vlk byl hubený a slabý, jinak by ho Buck nemohl chytit.

Jedes Mal, wenn Buck näher kam, wirbelte der Wolf herum und sah ihn voller Angst an.

Pokaždé, když se Buck přiblížil, vlk se otočil a s hrůzou se k němu postavil.

Dann rannte er bei der ersten Gelegenheit erneut in den Wald.

Pak se při první příležitosti znovu rozběhl do lesa.

Aber Buck gab nicht auf und schließlich fasste der Wolf Vertrauen zu ihm.

Ale Buck se nevzdal a vlk mu nakonec začal důvěřovat.

Er schnüffelte an Bucks Nase und die beiden wurden verspielt und aufmerksam.

Čichl Buckovi k nosu a oba si hravě začali hrát a byli ostražití.

Sie spielten wie wilde Tiere, wild und doch schüchtern in ihrer Freude.

Hráli si jako divoká zvířata, divocí, ale zároveň plachí ve své radosti.

Nach einer Weile trabte der Wolf zielstrebig und ruhig davon.

Po chvíli vlk s klidným a odhodlaným úmyslem odklusal pryč.

Er machte Buck deutlich, dass er beabsichtigte, verfolgt zu werden.

Jasně Buckovi ukázal, že má v úmyslu být sledován.

Sie rannten Seite an Seite durch die Dämmerung.

Běželi bok po boku šerem soumraku.

Sie folgten dem Bachbett hinauf in die felsige Schlucht.

Sledovali koryto potoka vzhůru do skalnaté rokle.

Sie überquerten eine kalte Wasserscheide, wo der Bach entsprungen war.

Překročili chladnou předěl, kde pramenil potok.

Am gegenüberliegenden Hang fanden sie ausgedehnte Wälder und viele Bäche.

Na protějším svahu našli rozlehlý les a mnoho potoků.

Durch dieses weite Land rannten sie stundenlang ohne Pause.

Touto rozlehlou zemí běželi celé hodiny bez zastavení.

Die Sonne stieg höher, die Luft wurde wärmer, aber sie rannten weiter.

Slunce stoupalo výš, vzduch se oteploval, ale oni běželi dál.

Buck war voller Freude – er wusste, dass er seiner Berufung folgte.

Bucka naplňovala radost – věděl, že odpovídá na své volání.

Er rannte neben seinem Waldbruder her, näher an die Quelle des Rufs.

Běžel vedle svého lesního bratra, blíž ke zdroji volání.

Alte Gefühle kehrten zurück, stark und schwer zu ignorieren.

Staré city se vrátily, silné a těžko ignorovatelné.

Dies waren die Wahrheiten hinter den Erinnerungen aus seinen Träumen.

To byly pravdy skryté za vzpomínkami z jeho snů.

All dies hatte er schon einmal in einer fernen, schattenhaften Welt getan.

Tohle všechno už předtím dělal ve vzdáleném a temném světě.

Jetzt tat er es wieder und rannte wild herum, während der Himmel über ihm frei war.

Teď to udělal znovu, divoce pobíhal pod širým nebem nad sebou.

Sie hielten an einem Bach an, um aus dem kalten, fließenden Wasser zu trinken.

Zastavili se u potoka, aby se napili ze studené tekoucí vody.

Während er trank, erinnerte sich Buck plötzlich an John Thornton.

Zatímco pil, Buck si náhle vzpomněl na Johna Thorntona.

Er saß schweigend da, hin- und hergerissen zwischen der Anziehungskraft der Loyalität und der Berufung.

Mlčky se posadil, zmítán touhou loajality a povolání.

Der Wolf trabte weiter, kam aber zurück, um Buck anzutreiben.

Vlk klusal dál, ale vrátil se a pobídl Bucka vpřed.

Er rümpfte die Nase und versuchte, ihn mit sanften Gesten zu beruhigen.

Očechral si nos a jemnými gesty se ho snažil přemluvit.

Aber Buck drehte sich um und machte sich auf den Rückweg.

Ale Buck se otočil a vydal se zpět stejnou cestou, jakou přišel.

Der Wolf lief lange Zeit neben ihm her und winselte leise.

Vlk dlouho běžel vedle něj a tiše kňučel.

Dann setzte er sich hin, hob die Nase und stieß ein langes Heulen aus.

Pak se posadil, zvedl čumák a vydal dlouze zavytí.

Es war ein trauriger Schrei, der leiser wurde, als Buck wegging.

Byl to truchlivý výkřik, který slábl, jak Buck odcházel.

Buck lauschte, als der Schrei langsam in der Stille des Waldes verklang.

Buck poslouchal, jak zvuk křiku pomalu doznívá v lesním tichu.

John Thornton aß gerade zu Abend, als Buck ins Lager stürmte.

John Thornton jedl večeři, když Buck vtrhl do tábora.

Buck sprang wild auf ihn zu, leckte, biss und warf ihn um.

Buck na něj divoce skočil, olizoval ho, kousal a převaloval ho.

Er warf ihn um, kletterte darauf und küsste sein Gesicht.

Srazil ho k zemi, vyšplhal se na něj a políbil ho na tvář.

Thornton nannte dies liebevoll „den allgemeinen Narren spielen".

Thornton to s láskou nazval „hráním si na obecného blázna".

Die ganze Zeit verfluchte er Buck sanft und schüttelte ihn hin und her.

Celou dobu Bucka jemně proklínal a třásl s ním sem a tam.

Zwei ganze Tage und Nächte lang verließ Buck das Lager kein einziges Mal.

Celé dva dny a noci Buck ani jednou neopustil tábor.

Er blieb in Thorntons Nähe und ließ ihn nie aus den Augen.

Držel se blízko Thorntona a nikdy ho nespouštěl z dohledu.

Er folgte ihm bei der Arbeit und beobachtete ihn beim Essen.

Sledoval ho, když pracoval, a pozoroval ho, zatímco jedl.

Er begleitete Thornton abends in seine Decken und jeden Morgen wieder heraus.

Večer viděl Thorntona zahaleného do dek a každé ráno venku.

Doch bald kehrte der Ruf des Waldes zurück, lauter als je zuvor.

Ale brzy se lesní volání vrátilo, hlasitější než kdy dřív.

Buck wurde wieder unruhig, aufgewühlt von Gedanken an den wilden Wolf.

Buck se znovu znervózňoval, pohnut myšlenkami na divokého vlka.

Er erinnerte sich an das offene Land und daran, wie sie Seite an Seite gelaufen waren.

Vzpomněl si na otevřenou krajinu a na běh bok po boku.

Er begann erneut, allein und wachsam in den Wald zu wandern.

Znovu se vydal na cestu lesem, sám a ostražitý.

Aber der wilde Bruder kam nicht zurück und das Heulen war nicht zu hören.

Ale divoký bratr se nevrátil a vytí nebylo slyšet.

Buck begann, draußen zu schlafen und blieb tagelang weg.

Buck začal spát venku a zůstával pryč i celé dny.

Einmal überquerte er die hohe Wasserscheide, wo der Bach entsprungen war.

Jednou překročil vysoký rozvodí, kde pramenil potok.

Er betrat das Land des dunklen Waldes und der breiten, fließenden Ströme.

Vstoupil do země temných lesů a širokých potoků.

Eine Woche lang streifte er umher und suchte nach Spuren seines wilden Bruders.

Týden se toulal a hledal známky svého divokého bratra.

Er tötete sein eigenes Fleisch und reiste mit langen, unermüdlichen Schritten.

Zabíjel si vlastní maso a cestoval dlouhými, neúnavnými kroky.

Er fischte in einem breiten Fluss, der bis ins Meer reichte, nach Lachs.

Lovil lososy v široké řece, která sahala do moře.

Dort kämpfte er gegen einen von Insekten verrückt gewordenen Schwarzbären und tötete ihn.

Tam bojoval a zabil černého medvěda rozzuřeného brouky.

Der Bär war beim Angeln und rannte blind durch die Bäume.

Medvěd lovil ryby a poslepu běžel mezi stromy.

Der Kampf war erbittert und weckte Bucks tiefen Kampfgeist.

Bitva byla nelítostná a probudila Buckovu hlubokou bojovnost.

Als Buck zwei Tage später zurückkam, fand er Vielfraße an seiner Beute vor.

O dva dny později se Buck vrátil a u své kořisti našel rosomáky.

Ein Dutzend von ihnen stritten sich lautstark und wütend um das Fleisch.

Tucet z nich se hlučně a zuřivě hádalo o maso.

Buck griff an und zerstreute sie wie Blätter im Wind.

Buck se na ně vrhl a rozptýlil je jako listí ve větru.

Zwei Wölfe blieben zurück – still, leblos und für immer regungslos.

Dva vlci zůstali pozadu – tiší, bez života a navždy nehybní.

Der Blutdurst wurde stärker denn je.

Žízeň po krvi byla silnější než kdy dřív.

Buck war ein Jäger, ein Killer, der sich von Lebewesen ernährte.

Buck byl lovec, zabiják, který se živil živými tvory.

Er überlebte allein und verließ sich auf seine Kraft und seine scharfen Sinne.

Přežil sám, spoléhal se na svou sílu a bystré smysly.

Er gedieh in der Wildnis, wo nur die Zähesten überleben konnten.

Dařilo se mu v divočině, kde mohli žít jen ti nejtvrdší.

Daraus erwuchs ein großer Stolz, der Bucks ganzes Wesen erfüllte.

Z toho se v Buckovi zrodila velká hrdost a naplnila celou jeho bytost.

Sein Stolz war in jedem seiner Schritte und in der Anspannung jedes einzelnen Muskels zu erkennen.

Jeho hrdost se projevovala v každém jeho kroku, v chvění každého svalu.

Sein Stolz war so deutlich wie seine Sprache und spiegelte sich in seiner Haltung wider.

Jeho hrdost byla jasná jako řeč, což bylo patrné z toho, jak se držel. .

Sogar sein dickes Fell sah majestätischer aus und glänzte heller.

Dokonce i jeho hustá srst vypadala majestátněji a zářila jasněji.

Man hätte Buck mit einem riesigen Timberwolf verwechseln können.

Bucka si mohli splést s obřím lesním vlkem.

Außer dem Braun an seiner Schnauze und den Flecken über seinen Augen.

Kromě hnědé barvy na tlamě a skvrn nad očima.

Und der weiße Fellstreifen, der mitten auf seiner Brust verlief.

A bílý pruh srsti, který mu táhl středem hrudníku.

Er war sogar größer als der größte Wolf dieser wilden Rasse.

Byl dokonce větší než největší vlk té divoké rasy.

Sein Vater, ein Bernhardiner, verlieh ihm Größe und einen schweren Körperbau.

Jeho otec, svatý Bernard, mu dal velikost a mohutnou postavu.

Seine Mutter, eine Schäferin, formte diesen Körper zu einer wolfsähnlichen Gestalt.

Jeho matka, pastýřka, vytvarovala tu masu do vlčí podoby.

Er hatte die lange Schnauze eines Wolfes, war allerdings schwerer und breiter.

Měl dlouhý čenich vlka, i když mohutnější a širší.

Sein Kopf war der eines Wolfes, aber von massiver, majestätischer Gestalt.

Jeho hlava byla vlčí, ale byla mohutná a majestátní.

Bucks List war die List des Wolfes und der Wildnis.

Buckova lstivost byla lstivost vlka a divočiny.

Seine Intelligenz hat er sowohl vom Deutschen Schäferhund als auch vom Bernhardiner.

Jeho inteligence pocházela jak od německého ovčáka, tak od svatého Bernarda.

All dies und harte Erfahrungen machten ihn zu einer furchterregenden Kreatur.

To všechno, plus drsné zkušenosti, z něj udělaly děsivého tvora.

Er war so furchterregend wie jedes andere Tier, das in der Wildnis des Nordens umherstreifte.

Byl stejně impozantní jako kterákoli jiná bestie potulující se severní divočinou.

Buck ernährte sich ausschließlich von Fleisch und erreichte den Höhepunkt seiner Kraft.

Buck, žijící pouze na mase, dosáhl vrcholu své síly.

Jede Faser seines Körpers strotzte vor Kraft und männlicher Stärke.

V každém vlákně svého těla překypoval mocí a mužskou silou.

Als Thornton seinen Rücken streichelte, funkelten seine Haare vor Energie.

Když ho Thornton pohladil po zádech, chloupky se mu energií zajiskřily.

Jedes Haar knisterte, aufgeladen durch die Berührung lebendigen Magnetismus.

Každý vlas praskal, nabitý dotekem živoucí síly.

Sein Körper und sein Gehirn waren auf die höchstmögliche Tonhöhe eingestellt.

Jeho tělo i mozek byly naladěny na tu nejjemnější možnou notu.

Jeder Nerv, jede Faser und jeder Muskel arbeitete in perfekter Harmonie.

Každý nerv, vlákno a sval fungovaly v dokonalé harmonii.

Auf jedes Geräusch oder jeden Anblick, der eine Aktion erforderte, reagierte er sofort.

Na jakýkoli zvuk nebo pohled vyžadující akci reagoval okamžitě.

Wenn ein Husky zum Angriff ansetzte, konnte Buck doppelt so schnell springen.

Pokud by husky skočil k útoku, Buck by dokázal skočit dvakrát rychleji.

Er reagierte schneller, als andere es sehen oder hören konnten.

Reagoval rychleji, než ho ostatní stihli vidět nebo slyšet.

Wahrnehmung, Entscheidung und Handlung erfolgten alle in einem fließenden Moment.

Vnímání, rozhodnutí a akce se odehrály v jednom plynulém okamžiku.

Tatsächlich geschahen diese Handlungen getrennt voneinander, aber zu schnell, um es zu bemerken.

Ve skutečnosti byly tyto činy oddělené, ale příliš rychlé na to, aby si jich bylo možné všimnout.

Die Abstände zwischen diesen Akten waren so kurz, dass sie wie ein einziger Akt wirkten.

Mezery mezi těmito činy byly tak krátké, že se zdály být jedno.

Seine Muskeln und sein Körper waren wie straff gespannte Federn.

Jeho svaly a bytost byly jako pevně stočené pružiny.

Sein Körper strotzte vor Leben, wild und freudig in seiner Kraft.

Jeho tělo překypovalo životem, divoké a radostné ve své síle.

Manchmal hatte er das Gefühl, als würde die Kraft völlig aus ihm herausbrechen.

Občas měl pocit, jako by z něj ta síla každou chvíli vyprchala.

„So einen Hund hat es noch nie gegeben", sagte Thornton eines ruhigen Tages.

„Nikdy tu nebyl takový pes," řekl Thornton jednoho klidného dne.

Die Partner sahen zu, wie Buck stolz aus dem Lager schritt.

Partneři sledovali, jak Buck hrdě odchází z tábora.

„Als er erschaffen wurde, veränderte er, was ein Hund sein kann", sagte Pete.

„Když byl stvořen, změnil to, kým pes může být," řekl Pete.

„Bei Gott! Das glaube ich auch", stimmte Hans schnell zu.

„Při Ježíši! Myslím si to taky," souhlasil rychle Hans.

Sie sahen ihn abmarschieren, aber nicht die Veränderung, die danach kam.

Viděli ho odcházet, ale ne změnu, která přišla potom.

Sobald er den Wald betrat, verwandelte sich Buck völlig.

Jakmile Buck vstoupil do lesa, úplně se proměnil.

Er marschierte nicht mehr, sondern bewegte sich wie ein wilder Geist zwischen den Bäumen.

Už nepochodoval, ale pohyboval se jako divoký duch mezi stromy.

Er wurde still, katzenpfotenartig, ein Flackern, das durch die Schatten huschte.

Ztichl, našlapoval jako kočka, jako záblesk procházející stíny.

Er nutzte die Deckung geschickt und kroch wie eine Schlange auf dem Bauch.

Krytí používal obratně a plazil se po břiše jako had.

Und wie eine Schlange konnte er lautlos nach vorne springen und zuschlagen.

A jako had mohl vyskočit vpřed a tiše udeřit.

Er könnte ein Schneehuhn direkt aus seinem versteckten Nest stehlen.

Mohl ukrást bělokura přímo z jeho skrytého hnízda.

Er tötete schlafende Kaninchen, ohne ein einziges Geräusch zu machen.

Zabil spící králíky bez jediného zvuku.

Er konnte Streifenhörnchen mitten in der Luft fangen, wenn sie zu langsam flohen.

Dokázal chytit veverky ve vzduchu, když prchaly příliš pomalu.

Selbst Fische in Teichen konnten seinen plötzlichen Angriffen nicht entkommen.

Ani ryby v tůních neunikly jeho náhlým úderům.

Nicht einmal schlaue Biber, die Dämme reparierten, waren vor ihm sicher.

Ani chytří bobři opravující hráze před ním nebyli v bezpečí.

Er tötete, um Nahrung zu bekommen, nicht zum Spaß – aber seine eigene Beute gefiel ihm am besten.

Zabíjel pro jídlo, ne pro zábavu – ale nejraději měl své vlastní úlovky.

Dennoch war bei manchen seiner stillen Jagden ein hintergründiger Humor spürbar.

Přesto se některými jeho tichými lovy prolínal lstivý humor.

Er schlich sich dicht an Eichhörnchen heran, ließ sie aber dann entkommen.

Připlížil se blízko k veverkám, jen aby je nechal utéct.

Sie wollten in die Bäume fliehen und schnatterten voller Angst und Empörung.

Chystali se uprchnout mezi stromy a štěbetat děsivým vztekem.

Mit dem Herbst kamen immer mehr Elche.

S příchodem podzimu se losů začalo objevovat ve větším počtu.

Sie zogen langsam in die tiefer gelegenen Täler, um dem Winter entgegenzukommen.

Pomalu se přesouvali do nízkých údolí, aby se setkali se zimou.

Buck hatte bereits ein junges, streunendes Kalb erlegt.

Buck už ukořistil jedno mladé, zatoulané tele.

Doch er sehnte sich danach, einer größeren, gefährlicheren Beute gegenüberzutreten.

Ale toužil čelit větší a nebezpečnější kořisti.

Eines Tages fand er an der Wasserscheide, an der Quelle des Baches, seine Chance.

Jednoho dne na rozvodí, u pramene potoka, našel svou šanci.

Eine Herde von zwanzig Elchen war aus bewaldeten Gebieten herübergekommen.

Stádo dvaceti losů přešlo přes lesnatou krajinu.

Unter ihnen war ein mächtiger Stier, der Anführer der Gruppe.

Mezi nimi byl mocný býk; vůdce skupiny.

Der Bulle war über ein Meter achtzig Meter groß und sah grimmig und wild aus.

Býk měřil přes šest stop a vypadal divoce a zuřivě.

Er warf sein breites Geweih hin und her, dessen vierzehn Enden sich nach außen verzweigten.

Odhodil svými širokými parohy, z nichž se čtrnáct špiček rozvětvovalo ven.

Die Spitzen dieser Geweihe hatten einen Durchmesser von sieben Fuß.

Špičky těchto paroží se táhly až dva metry napříč.

Seine kleinen Augen brannten vor Wut, als er Buck in der Nähe entdeckte.

Jeho malé oči hořely vzteky, když zahlédl Bucka poblíž.

Er stieß ein wütendes Brüllen aus und zitterte vor Wut und Schmerz.

Vydal zuřivý řev, třásl se vzteky a bolestí.

Nahe seiner Flanke ragte eine gefiederte und scharfe Pfeilspitze hervor.

Z boku mu trčel konec šípu, opeřený a ostrý.

Diese Wunde trug dazu bei, seine wilde, verbitterte Stimmung zu erklären.

Tato rána pomáhala vysvětlit jeho divokou, hořkou náladu.

Buck, geleitet von seinem uralten Jagdinstinkt, machte seinen Zug.

Buck, vedený starodávným loveckým instinktem, se pohnul.

Sein Ziel war es, den Bullen vom Rest der Herde zu trennen.

Jeho cílem bylo oddělit býka od zbytku stáda.

Dies war keine leichte Aufgabe – es erforderte Schnelligkeit und messerscharfe List.

To nebyl snadný úkol – vyžadovalo to rychlost a nelítostnou lstivost.

Er bellte und tanzte in der Nähe des Stiers, gerade außerhalb seiner Reichweite.

Štěkal a tančil blízko býka, těsně mimo jeho dosah.

Der Elch stürzte sich mit riesigen Hufen und tödlichem Geweih auf ihn.

Los se vrhl s obrovskými kopyty a smrtícími parohy.

Ein Schlag hätte Bucks Leben im Handumdrehen beenden können.

Jedna rána mohla Buckův život ukončit v mžiku.

Der Stier konnte die Bedrohung nicht hinter sich lassen und wurde wütend.

Býk, který nebyl schopen hrozbu nechat za sebou, se rozzuřil.

Er stürmte wütend auf ihn zu, doch Buck entkam ihm jedes Mal.

V zuřivosti se vrhl do útoku, ale Buck vždycky utekl.

Buck täuschte Schwäche vor und lockte ihn weiter von der Herde weg.

Buck předstíral slabost a lákal ho tak dál od stáda.

Doch die jungen Bullen wollten zurückstürmen, um den Anführer zu beschützen.

Ale mladí býci se chystali zaútočit, aby vůdce ochránili.

Sie zwangen Buck zum Rückzug und den Bullen, sich wieder der Gruppe anzuschließen.

Donutili Bucka ustoupit a býka, aby se znovu připojil ke skupině.

In der Wildnis herrscht eine tiefe und unaufhaltsame Geduld.

V divočině existuje trpělivost, hluboká a nezastavitelná.

Eine Spinne wartet unzählige Stunden bewegungslos in ihrem Netz.

Pavouk čeká nehybně ve své síti nespočet hodin.

Eine Schlange rollt sich ohne zu zucken zusammen und wartet, bis es Zeit ist.

Had se svíjí bez škubnutí a čeká, až nastane čas.

Ein Panther liegt auf der Lauer, bis der Moment gekommen ist.

Panter číhá v záloze, dokud nenastane ten správný okamžik.

Dies ist die Geduld von Raubtieren, die jagen, um zu überleben.

To je trpělivost predátorů, kteří loví, aby přežili.

Dieselbe Geduld brannte in Buck, als er in seiner Nähe blieb.

Stejná trpělivost hořela v Buckovi, když zůstával nablízku.

Er blieb in der Nähe der Herde, verlangsamte ihren Marsch und schürte Angst.

Zůstal blízko stáda, zpomaloval jeho pochod a vyvolával strach.

Er ärgerte die jungen Bullen und schikanierte die Mutterkühe.

Škádlil mladé býky a obtěžoval kravské matky.

Er trieb den verwundeten Stier in eine noch tiefere, hilflose Wut.

Dohnal zraněného býka k hlubšímu, bezmocnému vzteku.

Einen halben Tag lang zog sich der Kampf ohne Pause hin.

Půl dne se boj vlekl bez jakéhokoli odpočinku.

Buck griff aus jedem Winkel an, schnell und wild wie der Wind.

Buck útočil ze všech úhlů, rychlý a divoký jako vítr.

Er hinderte den Stier daran, sich auszuruhen oder sich bei seiner Herde zu verstecken.

Zabraňoval býkovi odpočívat nebo se schovávat se svým stádem.

Buck zermürbte den Willen des Elchs schneller als seinen Körper.

Buck unavoval losovu vůli rychleji než jeho tělo.

Der Tag verging und die Sonne sank tief am nordwestlichen Himmel.

Den uplynul a slunce kleslo nízko na severozápadní obloze.

Die jungen Bullen kehrten langsamer zurück, um ihrem Anführer zu helfen.

Mladí býci se vraceli pomaleji, aby pomohli svému vůdci.

Die Herbstnächte waren zurückgekehrt und die Dunkelheit dauerte nun sechs Stunden.

Vrátily se podzimní noci a tma nyní trvala šest hodin.

Der Winter drängte sie bergab in sicherere, wärmere Täler.

Zima je tlačila z kopce do bezpečnějších a teplejších údolí.

Aber sie konnten dem Jäger, der sie zurückhielt, immer noch nicht entkommen.

Ale stále nemohli uniknout lovci, který je zadržoval.

Es stand nur ein Leben auf dem Spiel – nicht das der Herde, sondern nur das ihres Anführers.

V sázce byl jen jeden život – ne život stáda, ale život jejich vůdce.

Dadurch wurde die Bedrohung in weite Ferne gerückt und ihre dringende Sorge wurde aufgehoben.

Díky tomu byla hrozba vzdálená a ne jejich naléhavým problémem.

Mit der Zeit akzeptierten sie diesen Preis und überließen Buck die Übernahme des alten Bullen.

Časem tuto cenu akceptovali a nechali Bucka, ať si starého býka vezme.

Als die Dämmerung hereinbrach, stand der alte Bulle mit gesenktem Kopf da.

Když se snášel soumrak, starý býk stál se sklopenou hlavou.

Er sah zu, wie die Herde, die er geführt hatte, im schwindenden Licht verschwand.

Sledoval, jak stádo, které vedl, mizí v slábnoucím světle.

Es gab Kühe, die er gekannt hatte, Kälber, deren Vater er einst gewesen war.

Byly tam krávy, které znal, telata, jejichž byl kdysi otcem.

Es gab jüngere Bullen, gegen die er in vergangenen Saisons gekämpft und die er beherrscht hatte.

V minulých sezónách bojoval s mladšími býky a vládl jim.

Er konnte ihnen nicht folgen, denn vor ihm kauerte Buck wieder.

Nemohl je následovat – před ním se totiž znovu krčil Buck.

Der gnadenlose Schrecken mit den Reißzähnen versperrte ihm jeden Weg.

Nemilosrdná hrůza s tesáky mu blokovala každou cestu, kterou se mohl vydat.

Der Bulle brachte mehr als drei Zentner geballte Kraft auf die Waage.

Býk vážil více než tři sta kilogramů husté síly.

Er hatte ein langes Leben geführt und in einer Welt voller Kämpfe hart gekämpft.

Žil dlouho a tvrdě bojoval ve světě plném bojů.

Doch nun, am Ende, kam der Tod von einem Tier, das weit unter ihm stand.

Přesto teď, na konci, smrt přišla od bestie hluboko pod ním.

Bucks Kopf erreichte nicht einmal die riesigen, mit Knöcheln besetzten Knie des Bullen.

Buckova hlava se ani nezvedla k býčím obrovským, kloubatým kolenům.

Von diesem Moment an blieb Buck Tag und Nacht bei dem Bullen.

Od té chvíle zůstával Buck s býkem dnem i nocí.

Er gönnte ihm keine Ruhe, erlaubte ihm nie zu grasen oder zu trinken.

Nikdy mu nedal odpočinek, nikdy mu nedovolil se pást ani pít.

Der Stier versuchte, junge Birkentriebe und Weidenblätter zu fressen.

Býk se snažil sežrat mladé březové výhonky a vrbové listy.

Aber Buck verjagte ihn, immer wachsam und immer angreifend.

Ale Buck ho odehnal, vždycky ve střehu a pořád útočil.

Sogar an plätschernden Bächen blockte Buck jeden durstigen Versuch ab.

I u tekoucí vody Buck blokoval každý žíznivý pokus.

Manchmal floh der Stier aus Verzweiflung mit voller Geschwindigkeit.

Někdy býk v zoufalství uprchl plnou rychlostí.

Buck ließ ihn laufen und lief ruhig direkt hinter ihm her, nie weit entfernt.

Buck ho nechal běžet, klidně pobíhal hned za ním, nikdy nebyl daleko.

Als der Elch innehielt, legte sich Buck hin, blieb aber bereit.

Když se los zastavil, Buck si lehl, ale zůstal připravený.

Wenn der Bulle versuchte zu fressen oder zu trinken, schlug Buck mit voller Wut zu.

Pokud se býk pokusil jíst nebo pít, Buck udeřil s plnou zuřivostí.

Der große Kopf des Stiers sank tiefer unter sein gewaltiges Geweih.

Býčí mohutná hlava se pod mohutnými parohy schýlila níž.

Sein Tempo verlangsamte sich, der Trab wurde schwerfällig, ein stolpernder Schritt.

Jeho tempo zpomalilo, klus se změnil v těžký; klopýtající chůzi.

Er stand oft still mit hängenden Ohren und der Nase am Boden.

Často stál nehybně se sklopenýma ušima a čumákem u země.

In diesen Momenten nahm sich Buck Zeit zum Trinken und Ausruhen.

Během těchto chvil si Buck udělal čas na pití a odpočinek.

Mit heraushängender Zunge und starrem Blick spürte Buck, wie sich das Land veränderte.

S vyplazeným jazykem a upřenýma očima Buck cítil, že se krajina mění.

Er spürte, wie sich etwas Neues durch den Wald und den Himmel bewegte.

Cítil, jak se lesem a oblohou pohybuje něco nového.

Mit der Rückkehr der Elche kehrten auch andere Wildtiere zurück.

S návratem losů se vraceli i další divoká zvířata.

Das Land fühlte sich lebendig an, mit einer Präsenz, die man nicht sieht, aber deutlich wahrnimmt.

Země se zdála být plně oživená, neviditelná, ale silně známá.

Buck wusste dies weder am Geräusch, noch am Anblick oder am Geruch.

Buck to nepoznal zvukem, zrakem ani čichem.

Ein tieferes Gefühl sagte ihm, dass neue Kräfte im Gange waren.

Hlubší smysl mu napovídal, že se hýbou nové síly.

In den Wäldern und entlang der Bäche herrschte seltsames Leben.

V lesích a podél potoků se vířil zvláštní život.

Er beschloss, diesen Geist zu erforschen, nachdem die Jagd beendet war.

Rozhodl se, že po skončení lovu tohoto ducha prozkoumá.

Am vierten Tag erlegte Buck endlich den Elch.

Čtvrtého dne Buck konečně losa ulovil.

Er blieb einen ganzen Tag und eine ganze Nacht bei der Beute, fraß und ruhte sich aus.

Zůstal u kořisti celý den a noc, krmil se a odpočíval.

Er aß, schlief dann und aß dann wieder, bis er stark und satt war.

Jedl, pak spal a pak zase jedl, dokud nebyl silný a sytý.

Als er fertig war, kehrte er zum Lager und nach Thornton zurück.

Když byl připraven, otočil se zpět k táboru a Thorntonu.

Mit gleichmäßigem Tempo begann er die lange Heimreise.

Stabilním tempem se vydal na dlouhou cestu domů.

Er rannte in seinem unermüdlichen Galopp Stunde um Stunde, ohne auch nur ein einziges Mal vom Weg abzukommen.

Běžel svým neúnavným klusem, hodinu za hodinou, a ani jednou se neodchýlil od cesty.

Durch unbekannte Länder bewegte er sich schnurgerade wie eine Kompassnadel.

Neznámými zeměmi se pohyboval přímo jako střelka kompasu.

Sein Orientierungssinn ließ Mensch und Karte im Vergleich schwach erscheinen.

Jeho smysl pro orientaci v porovnání s ním působil slabě, člověk i mapa.

Während Buck rannte, spürte er die Bewegung in der Wildnis stärker.

Jak Buck běžel, cítil stále silněji pohyb v divočině.

Es war eine neue Art zu leben, anders als in den ruhigen Sommermonaten.

Byl to nový druh života, na rozdíl od života v klidných letních měsících.

Dieses Gefühl kam nicht länger als subtile oder entfernte Botschaft.

Tento pocit už nepřicházel jako jemné nebo vzdálené poselství.

Nun sprachen die Vögel von diesem Leben und Eichhörnchen plapperten darüber.

Nyní o tomto životě mluvili ptáci a veverky o něm štěbetaly.

Sogar die Brise flüsterte Warnungen durch die stillen Bäume.

Dokonce i vánek šeptal varování skrz tiché stromy.

Mehrmals blieb er stehen und schnupperte die frische Morgenluft.

Několikrát se zastavil a nasál čerstvý ranní vzduch.

Dort las er eine Nachricht, die ihn schneller nach vorne springen ließ.

Přečetl si tam zprávu, která ho přiměla rychleji vykročit vpřed.

Ein starkes Gefühl der Gefahr erfüllte ihn, als wäre etwas schiefgelaufen.

Naplnil ho těžký pocit nebezpečí, jako by se něco pokazilo.

Er befürchtete, dass ein Unglück bevorstünde – oder bereits eingetreten war.

Bál se, že se blíží – nebo už přišla – pohroma.

Er überquerte den letzten Bergrücken und betrat das darunterliegende Tal.

Přešel poslední hřeben a vstoupil do údolí pod ním.

Er bewegte sich langsamer und war bei jedem Schritt aufmerksamer und vorsichtiger.

Pohyboval se pomaleji, s každým krokem ostražitě a opatrně.

Drei Meilen weiter fand er eine frische Spur, die ihn erstarren ließ.

Po třech mílích narazil na novou stezku, která ho ztuhla.

Die Haare in seinem Nacken stellten sich auf und sträubten sich vor Schreck.

Vlasy na krku se mu zježily a zavlnily poplachem.

Die Spur führte direkt zum Lager, wo Thornton wartete.

Stezka vedla přímo k táboru, kde čekal Thornton.

Buck bewegte sich jetzt schneller, seine Schritte waren lautlos und schnell zugleich.

Buck se teď pohyboval rychleji, jeho kroky byly tiché a rychlé zároveň.

Seine Nerven lagen blank, als er Zeichen las, die andere übersehen würden.

Nervy se mu napínaly, když četl náznaky, které ostatní přehlédnou.

Jedes Detail der Spur erzählte eine Geschichte – außer dem letzten Stück.

Každý detail na stezce vyprávěl příběh – kromě posledního kousku.

Seine Nase erzählte ihm von dem Leben, das hier vorbeigezogen war.

Jeho nos mu vyprávěl o životě, který tudy uplynul.

Der Duft vermittelte ihm ein wechselndes Bild, als er dicht hinter ihm folgte.

Vůně mu, jak ho těsně následoval, vykreslovala proměnlivý obraz.

Doch im Wald selbst war es still geworden, unnatürlich still.

Ale les sám ztichl; byl nepřirozeně tichý.

Die Vögel waren verschwunden, die Eichhörnchen hatten sich versteckt, waren still und ruhig.

Ptáci zmizeli, veverky se schovaly, tiché a nehybné.

Er sah nur ein einziges Grauhörnchen, das flach auf einem toten Baum lag.

Viděl jen jednu šedou veverku, ležící na mrtvém stromě.

Das Eichhörnchen fügte sich steif und reglos in den Wald ein.

Veverka se vmísila do lesa, ztuhlá a nehybná.

Buck bewegte sich wie ein Schatten, lautlos und sicher durch die Bäume.

Buck se pohyboval jako stín, tiše a jistě mezi stromy.

Seine Nase zuckte zur Seite, als würde sie von einer unsichtbaren Hand gezogen.

Jeho nos se trhl do strany, jako by ho tahala neviditelná ruka.

Er drehte sich um und folgte der neuen Spur tief in ein Dickicht hinein.

Otočil se a vydal se za novým pachem hluboko do houští.

Dort fand er Nig tot daliegend, von einem Pfeil durchbohrt.

Tam našel Niga, ležícího mrtvého, probodnutého šípem.

Der Schaft durchdrang seinen Körper, die Federn waren noch zu sehen.

Šíp prošel jeho tělem, peří bylo stále vidět.

Nig hatte sich dorthin geschleppt, war jedoch gestorben, bevor er Hilfe erreichen konnte.

Nig se tam dotáhl sám, ale zemřel dříve, než se dostal k pomoci.

Hundert Meter weiter fand Buck einen weiteren Schlittenhund.

O sto metrů dál Buck našel dalšího spřežení.

Es war ein Hund, den Thornton in Dawson City gekauft hatte.

Byl to pes, kterého Thornton koupil v Dawson City.

Der Hund befand sich in einem tödlichen Kampf und schlug heftig auf dem Weg um sich.

Pes se zmítal na smrt a tvrdě se třepal po stezce.

Buck ging um ihn herum, blieb nicht stehen und richtete den Blick nach vorne.

Buck ho obešel, nezastavoval se a upíral zrak před sebe.

Aus Richtung des Lagers ertönte in der Ferne ein rhythmischer Gesang.

Z tábora se ozýval vzdálený, rytmický zpěv.

Die Stimmen schwoll in einem seltsamen, unheimlichen Singsangton an und ab.

Hlasy se ozývaly podivným, tajemným, zpívajícím tónem.

Buck kroch schweigend zum Rand der Lichtung.

Buck se mlčky plazil vpřed k okraji mýtiny.

Dort sah er Hans mit dem Gesicht nach unten liegen, von vielen Pfeilen durchbohrt.

Tam uviděl Hanse ležícího tváří dolů, probodnutého mnoha šípy.

Sein Körper sah aus wie der eines Stachelschweins und war mit gefiederten Schäften bestückt.

Jeho tělo vypadalo jako dikobraz, poseté opeřenými šípy.

Im selben Moment blickte Buck in Richtung der zerstörten Hütte.

Ve stejném okamžiku se Buck podíval směrem k rozbořené chatě.

Bei diesem Anblick stellten sich ihm die Nacken- und Schulterhaare auf.

Z toho pohledu se mu zježily vlasy na krku a ramenou.

Ein Sturm wilder Wut durchfuhr Bucks ganzen Körper.

Buckovým tělem se prohnala bouře divokého vzteku.

Er knurrte laut, obwohl er nicht wusste, dass er es getan hatte.

Zavrčel nahlas, i když o tom nevěděl.

Der Klang war rau, erfüllt von furchterregender, wilder Wut.

Zvuk byl syrový, plný děsivé, divoké zuřivosti.

Zum letzten Mal in seinem Leben verlor Buck den Verstand und die Gefühle.

Buck naposledy v životě ztratil rozum.

Es war die Liebe zu John Thornton, die seine sorgfältige Kontrolle brach.

Byla to láska k Johnu Thorntonovi, která zlomila jeho pečlivou sebeovládání.

Die Yeehats tanzten um die zerstörte Fichtenhütte.

Yeehatové tančili kolem zřícené smrkové chatrče.

Dann ertönte ein Brüllen – und ein unbekanntes Tier stürmte auf sie zu.

Pak se ozval řev – a neznámá bestie se k nim vrhla.

Es war Buck, eine aufbrausende Furie, ein lebendiger Sturm der Rache.

Byl to Buck; zuřivost v pohybu; živoucí bouře pomsty.

Wahnsinnig vor Tötungsdrang stürzte er sich mitten unter sie.

Vrhnul se mezi ně, šílený touhou zabíjet.

Er sprang auf den ersten Mann, den Yeehat-Häuptling, und traf zielsicher.

Skočil na prvního muže, náčelníka Yeehatů, a udeřil přímo do cíle.

Seine Kehle war aufgerissen und Blut spritzte in einem Strom.

Měl roztržené hrdlo a krev z něj stříkala proudem.

Buck blieb nicht stehen, sondern riss dem nächsten Mann mit einem Sprung die Kehle durch.

Buck se nezastavil, ale jedním skokem roztrhl hrdlo dalšímu muži.

Er war nicht aufzuhalten – er riss, schlug und machte nie eine Pause, um sich auszuruhen.

Byl nezastavitelný – trhal, sekal a nikdy se nezastavil k odpočinku.

Er schoss und sprang so schnell, dass ihre Pfeile ihn nicht treffen konnten.

Vrhl se a skákal tak rychle, že se ho jejich šípy nemohly zasáhnout.

Die Yeehats waren in ihrer eigenen Panik und Verwirrung gefangen.

Yeehati byli zachváceni vlastní panikou a zmatkem.

Ihre Pfeile verfehlten Buck und trafen stattdessen einander.

Jejich šípy minuly Bucka a místo toho se zasáhly jeden navzájem.

Ein Jugendlicher warf einen Speer nach Buck und traf einen anderen Mann.

Jeden mladík hodil po Buckovi kopí a zasáhl jiného muže.

Der Speer durchbohrte seine Brust und die Spitze durchbohrte seinen Rücken.

Kopí mu probodlo hruď a hrot mu vyrazil záda.

Die Yeehats wurden von Panik erfasst und zogen sich umgehend zurück.

Yeehaty zachvátil strach a oni se dali na úplný ústup.

Sie schrien vor dem bösen Geist und flohen in die Schatten des Waldes.

Křičeli na zlého ducha a uprchli do lesních stínů.

Buck war wirklich wie ein Dämon, als er die Yeehats jagte.

Buck byl vskutku jako démon, když pronásledoval Yeehaty.

Er raste hinter ihnen durch den Wald her und erlegte sie wie Rehe.

Hnal se za nimi lesem a srážel je k zemi jako jeleny.

Für die verängstigten Yeehats wurde es ein Tag des Schicksals und des Terrors.

Pro vyděšené Yeehaty se to stal dnem osudu a hrůzy.

Sie zerstreuten sich über das Land und flohen in alle Richtungen.

Rozprchli se po celé zemi a prchali všemi směry.

Eine ganze Woche verging, bevor sich die letzten Überlebenden in einem Tal trafen.

Uplynul celý týden, než se poslední přeživší setkali v údolí.

Erst dann zählten sie ihre Verluste und sprachen über das Geschehene.

Teprve pak spočítali své ztráty a mluvili o tom, co se stalo.

Nachdem Buck die Jagd satt hatte, kehrte er zum zerstörten Lager zurück.

Buck se unavil honičkou a vrátil se do zničeného tábora.

Er fand Pete, noch in seine Decken gehüllt, getötet beim ersten Angriff.

Našel Peta, stále zabaleného v dekách, zabitého při prvním útoku.

Spuren von Thorntons letztem Kampf waren im Dreck in der Nähe zu sehen.

V nedaleké hlíně byly patrné stopy Thorntonova posledního boje.

Buck folgte jeder Spur und erschnüffelte jede Markierung bis zum letzten Punkt.

Buck sledoval každou stopu a čichal ke každému znaménku až do konečného bodu.

Am Rand eines tiefen Teichs fand er den treuen Skeet, der still dalag.

Na okraji hluboké tůně našel věrného Skeeta, jak nehybně leží.

Skeets Kopf und Vorderpfoten lagen regungslos im Wasser, er lag tot da.

Skeetova hlava a přední tlapky byly ve vodě, nehybné jako smrt.

Der Teich war schlammig und durch das Abwasser aus den Schleusenkästen verunreinigt.

Bazén byl kalný a znečištěný odtokem ze zdymadel.

Seine trübe Oberfläche verbarg, was darunter lag, aber Buck kannte die Wahrheit.

Jeho zakalený povrch skrýval, co leželo pod ním, ale Buck znal pravdu.

Er folgte Thorntons Spur bis in den Pool – doch die Spur führte nirgendwo anders hin.

Sledoval Thorntonův pach do bazénu – ale pach nikam jinam nevedl.

Es gab keinen Geruch, der hinausführte – nur die Stille des tiefen Wassers.

Nebyl z něj cítit žádný pach – jen ticho hluboké vody.

Den ganzen Tag blieb Buck in der Nähe des Teichs und ging voller Trauer im Lager auf und ab.

Celý den Buck zůstal u jezírka a zarmouceně přecházel po táboře.

Er wanderte ruhelos umher oder saß regungslos da, in tiefe Gedanken versunken.

Neklidně se toulal nebo seděl v tichosti, pohroužený do těžkých myšlenek.

Er kannte den Tod, das Ende des Lebens, das Verschwinden aller Bewegung.

Znal smrt; konec života; mizení veškerého pohybu.

Er verstand, dass John Thornton weg war und nie wieder zurückkehren würde.

Chápal, že John Thornton je pryč a už se nikdy nevrátí.

Der Verlust hinterließ eine Leere in ihm, die wie Hunger pochte.

Ztráta v něm zanechala prázdnotu, která pulzovala jako hlad.

Doch dieser Hunger konnte durch Essen nicht gestillt werden, egal, wie viel er aß.

Ale tohle byl hlad, který jídlo nemohlo utišit, ať snědl sebevíc.

Manchmal, wenn er die toten Yeehats ansah, ließ der Schmerz nach.

Občas, když se podíval na mrtvé Yeehaty, bolest polevovala.

Und dann stieg ein seltsamer Stolz in ihm auf, wild und vollkommen.

A pak se v něm zvedla podivná hrdost, prudká a nezdolná.

Er hatte den Menschen getötet, das höchste und gefährlichste Wild von allen.

Zabil člověka, což byla ta nejvyšší a nejnebezpečnější zvěř ze všech.

Er hatte unter Missachtung des alten Gesetzes von Keule und Reißzahn getötet.

Zabil v rozporu se starodávným zákonem kyje a tesáku.

Buck schnüffelte neugierig und nachdenklich an ihren leblosen Körpern.

Buck zvědavě a zamyšleně čichal k jejich bezvládným tělům.

Sie waren so leicht gestorben – viel leichter als ein Husky in einem Kampf.

Zemřeli tak snadno – mnohem snadněji než husky v boji.

Ohne ihre Waffen waren sie weder wirklich stark noch stellten sie eine Bedrohung dar.

Bez zbraní neměli žádnou skutečnou sílu ani hrozbu.

Buck würde sie nie wieder fürchten, es sei denn, sie wären bewaffnet.

Buck se jich už nikdy nebude bát, pokud nebudou ozbrojeni.

Nur wenn sie Keulen, Speere oder Pfeile trugen, war er vorsichtig.

Dával si pozor jen tehdy, když nosili kyje, oštěpy nebo šípy.

Die Nacht brach herein und ein Vollmond stieg hoch über die Baumwipfel.

Padla noc a úplněk vystoupil vysoko nad koruny stromů.

Das blasse Licht des Mondes tauchte das Land in einen sanften, geisterhaften Schein wie am Tag.

Bledé světlo měsíce zalévalo zemi jemnou, přízračnou září jako ve dne.

Als die Nacht hereinbrach, trauerte Buck noch immer am stillen Teich.

Jak se noc prohlubovala, Buck stále truchlil u tichého jezírka.

Dann bemerkte er eine andere Regung im Wald.

Pak si v lese uvědomil jiný ruch.

Die Aufregung kam nicht von den Yeehats, sondern von etwas Älterem und Tieferem.

To rušení nevycházelo od Yeehatů, ale z něčeho staršího a hlubšího.

Er stand auf, spitzte die Ohren und prüfte vorsichtig mit der Nase die Brise.

Vstal, zvedl uši a opatrně zkoušel nosem vítr.

Aus der Ferne ertönte ein schwacher, scharfer Aufschrei, der die Stille durchbrach.

Z dálky se ozvalo slabé, ostré vyštěknutí, které prořízlo ticho.

Dann folgte dicht auf den ersten ein Chor ähnlicher Schreie.

Pak se těsně za prvním ozval sbor podobných výkřiků.

Das Geräusch kam näher und wurde mit jedem Augenblick lauter.

Zvuk se blížil a s každou chvíli sílil.

Buck kannte diesen Schrei – er kam aus dieser anderen Welt in seiner Erinnerung.

Buck tenhle výkřik znal – vycházel z onoho jiného světa v jeho paměti.

Er ging in die Mitte des offenen Platzes und lauschte aufmerksam.

Došel doprostřed otevřeného prostoru a pozorně naslouchal.

Der Ruf ertönte vielstimmig und kraftvoller denn je.

Ozvalo se volání, mnohohlasné a silnější než kdy dřív.

Und jetzt war Buck mehr denn je bereit, seiner Berufung zu folgen.

A nyní, více než kdy jindy, byl Buck připraven odpovědět na své volání.

John Thornton war tot und hatte keine Bindung mehr an die Menschheit.

John Thornton byl mrtvý a nezůstalo v něm žádné pouto k člověku.

Der Mensch und alle menschlichen Ansprüche waren verschwunden – er war endlich frei.

Člověk a všechny lidské nároky byly pryč – konečně byl svobodný.

Das Wolfsrudel jagte Fleisch, wie es einst die Yeehats getan hatten.

Vlčí smečka se honila za masem, stejně jako kdysi Yeehatové.

Sie waren Elchen aus den Waldgebieten gefolgt.

Sledovali losy dolů z zalesněných oblastí.

Nun überquerten sie, wild und hungrig nach Beute, sein Tal.

Nyní, divocí a hladoví po kořisti, přešli do jeho údolí.

Sie kamen auf die mondbeschienene Lichtung und flossen wie silbernes Wasser.

Vběhli na měsíční mýtinu, tekoucí jako stříbrná voda.

Buck stand regungslos in der Mitte und wartete auf sie.

Buck stál nehybně uprostřed, nehybně a čekal na ně.

Seine ruhige, große Präsenz versetzte das Rudel in Erstaunen und ließ es kurz verstummen.

Jeho klidná, mohutná přítomnost ohromila smečku a na chvíli umlčela.

Dann sprang der kühnste Wolf ohne zu zögern direkt auf ihn zu.

Pak se na něj bez váhání vrhl přímo ten nejodvážnější vlk.

Buck schlug schnell zu und brach dem Wolf mit einem einzigen Schlag das Genick.

Buck udeřil rychle a jedinou ranou zlomil vlkovi vaz.

Er stand wieder regungslos da, während der sterbende Wolf sich hinter ihm wand.

Znovu stál bez hnutí, zatímco se za ním umírající vlk kroutil.

Drei weitere Wölfe griffen schnell nacheinander an.

Další tři vlci rychle zaútočili, jeden po druhém.

Jeder von ihnen zog sich blutend zurück, die Kehle oder die Schultern waren aufgeschlitzt.

Každý ustoupil a krvácel, měli podřezané hrdlo nebo ramena.

Das reichte aus, um das ganze Rudel zu einem wilden Angriff zu provozieren.

To stačilo k tomu, aby se celá smečka rozpoutala k divokému útoku.

Sie stürmten gemeinsam hinein, waren zu eifrig und zu dicht gedrängt, um einen guten Schlag zu erzielen.

Vběhli dovnitř společně, příliš dychtiví a natlačení na to, aby dobře zasáhli.

Dank seiner Schnelligkeit und Geschicklichkeit war Buck in der Lage, dem Angriff immer einen Schritt voraus zu sein.

Buckova rychlost a dovednosti mu umožnily udržet si náskok před útokem.

Er drehte sich auf seinen Hinterbeinen und schnappte und schlug in alle Richtungen.

Otočil se na zadních nohách, švihal a švihal všemi směry.

Für die Wölfe schien es, als ob seine Verteidigung nie geöffnet oder ins Wanken geraten wäre.

Vlkům se zdálo, že jeho obrana se nikdy neotevřela ani nezakolísala.

Er drehte sich um und schlug so schnell zu, dass sie nicht hinter ihn gelangen konnten.

Otočil se a sekl tak rychle, že se k němu nemohli dostat.

Dennoch zwang ihn ihre Übermacht zum Nachgeben und Zurückweichen.

Jejich počet ho nicméně donutil ustoupit a ustoupit.

Er ging am Teich vorbei und hinunter in das steinige Bachbett.

Prošel kolem tůně a sestoupil do kamenitého koryta potoka.

Dort stieß er auf eine steile Böschung aus Kies und Erde.

Tam narazil na strmý břeh ze štěrku a hlíny.

Er ist bei den alten Grabungen der Bergleute in einen Eckeinschnitt geraten.

Během starého kopání horníků se na hraně dostal do rohového výkopu.

Jetzt war Buck von drei Seiten geschützt und stand nur noch dem vorderen Wolf gegenüber.

Nyní, chráněný ze tří stran, čelil Buck pouze přednímu vlkovi.

Dort stand er in der Enge, bereit für die nächste Angriffswelle.

Tam stál v šachu, připravený na další vlnu útoku.

Buck blieb so hartnäckig standhaft, dass die Wölfe zurückwichen.

Buck se tak zuřivě držel svého místa, že vlci ustoupili.

Nach einer halben Stunde waren sie erschöpft und sichtlich besiegt.

Po půl hodině byli vyčerpaní a viditelně poraženi.

Ihre Zungen hingen heraus, ihre weißen Reißzähne glänzten im Mondlicht.

Jejich jazyky visely a jejich bílé tesáky se leskly v měsíčním světle.

Einige Wölfe legten sich mit erhobenem Kopf hin und spitzten die Ohren in Richtung Buck.

Někteří vlci si lehli se zvednutými hlavami a nastraženými ušima směrem k Buckovi.

Andere standen still, waren wachsam und beobachteten jede seiner Bewegungen.

Ostatní stáli nehybně, ostražitě a sledovali každý jeho pohyb.

Einige gingen zum Pool und schlürften kaltes Wasser.

Pár lidí se zatoulalo k bazénu a napilo se studené vody.

Dann schlich ein großer, schlanker grauer Wolf sanft heran.

Pak se jeden dlouhý, hubený šedý vlk tiše připlížil vpřed.

Buck erkannte ihn – es war der wilde Bruder von vorhin.

Buck ho poznal – byl to ten divoký bratr z dřívějška.

Der graue Wolf winselte leise und Buck antwortete mit einem Winseln.

Šedý vlk tiše zakňučel a Buck mu odpověděl kňučením.

Sie berührten ihre Nasen, leise und ohne Drohung oder Angst.

Dotkli se nosy, tiše a bez hrozby či strachu.

Als nächstes kam ein älterer Wolf, hager und von vielen Kämpfen gezeichnet.

Další přišel starší vlk, vyhublý a zjizvený z mnoha bitev.

Buck wollte knurren, hielt aber inne und schnüffelte an der Nase des alten Wolfes.

Buck začal vrčet, ale pak se zarazil a očichal starému vlkovi k čumáku.

Der Alte setzte sich, hob die Nase und heulte den Mond an.

Stařík se posadil, zvedl nos a zavýjel na měsíc.

Der Rest des Rudels setzte sich und stimmte in das langgezogene Heulen ein.

Zbytek smečky se posadil a připojil se k dlouhému vytí.

Und nun ertönte der Ruf an Buck, unmissverständlich und stark.

A teď k Buckovi dolehlo volání, nezaměnitelné a silné.

Er setzte sich, hob den Kopf und heulte mit den anderen.

Posadil se, zvedl hlavu a zavýl s ostatními.

Als das Heulen aufhörte, trat Buck aus seinem felsigen Unterschlupf.

Když vytí ustalo, Buck vyšel ze svého skalnatého úkrytu.

Das Rudel umringte ihn und beschnüffelte ihn zugleich freundlich und vorsichtig.

Smečka se kolem něj sevřela a laskavě i ostražitě čichala.

Dann stießen die Anführer einen lauten Schrei aus und rannten in den Wald.

Pak vůdci vyštěkli a rozběhli se do lesa.

Die anderen Wölfe folgten und jaulten im Chor, wild und schnell in der Nacht.

Ostatní vlci je následovali a štěkali ve sboru, divoce a rychle v noci.

Buck rannte mit ihnen, neben seinem wilden Bruder her, und heulte dabei.

Buck běžel s nimi vedle svého divokého bratra a při běhu vyl.

Hier geht die Geschichte von Buck gut zu Ende.

Zde se Buckův příběh dobře uzavírá.

In den folgenden Jahren bemerkten die Yeehats seltsame Wölfe.

V následujících letech si Yeehati všimli podivných vlků.

Einige hatten braune Flecken auf Kopf und Schnauze und weiße Flecken auf der Brust.

Někteří měli na hlavě a čenichu hnědou barvu a na hrudi bílou.

Doch noch mehr fürchteten sie sich vor einer geisterhaften Gestalt unter den Wölfen.

Ale ještě víc se báli přízračné postavy mezi vlky.

Sie sprachen flüsternd vom Geisterhund, dem Anführer des Rudels.

Šeptem mluvili o Duchovém psu, vůdci smečky.

Dieser Geisterhund war schlauer als der kühnste Yeehat-Jäger.

Tento Duchový pes byl mazanější než nejodvážnější lovec Yeehatů.

Der Geisterhund stahl im tiefsten Winter aus Lagern und riss ihre Fallen auseinander.

Duchový pes kradl z táborů v hluboké zimě a roztrhal jim pasti.

Der Geisterhund tötete ihre Hunde und entkam ihren Pfeilen spurlos.

Duch psa zabil jejich psy a beze stopy unikl jejich šípům.

Sogar ihre tapfersten Krieger hatten Angst, diesem wilden Geist gegenüberzutreten.

I jejich nejstatečnější válečníci se báli čelit tomuto divokému duchu.

Nein, die Geschichte wird im Laufe der Jahre in der Wildnis immer düsterer.

Ne, příběh se s plynoucími lety v divočině stává stále temnějším.

Manche Jäger verschwinden und kehren nie in ihre entfernten Lager zurück.

Někteří lovci zmizí a už se nikdy nevrátí do svých vzdálených táborů.

Andere werden mit aufgerissener Kehle erschlagen im Schnee gefunden.

Jiní jsou nalezeni s roztrhaným hrdlem, zabiti ve sněhu.

Um ihren Körper herum sind Spuren – größer als sie ein Wolf hinterlassen könnte.

Kolem jejich těl jsou stopy – větší, než by je dokázal udělat jakýkoli vlk.

Jeden Herbst folgen die Yeehats der Spur des Elchs.

Každý podzim sledují Yeehati stopu losa.

Aber ein Tal meiden sie, weil ihnen die Angst tief im Herzen eingegraben ist.

Ale jednomu údolí se vyhýbají se strachem vrytým hluboko do srdcí.

Man sagt, dass der böse Geist dieses Tal als seine Heimat ausgewählt hat.

Říká se, že údolí si za svůj domov vybral zlý duch.

Und wenn die Geschichte erzählt wird, weinen einige Frauen am Feuer.

A když se ten příběh vypráví, některé ženy pláčou u ohně.

Aber im Sommer kommt ein Besucher in dieses ruhige, heilige Tal.

Ale v létě do onoho tichého, posvátného údolí přijde jeden návštěvník.

Die Yeehats wissen nichts von ihm und können es auch nicht verstehen.

Yeehati o něm neznají, ani by mu nemohli porozumět.

Der Wolf ist großartig und mit einer Pracht überzogen wie kein anderer seiner Art.

Vlk je skvělý, ostříhaný slávou, jako žádný jiný svého druhu.

Er allein überquert den grünen Wald und betritt die Waldlichtung.

Sám přechází přes zelený les a vstupuje na lesní mýtinu.

Dort sickert goldener Staub aus Elchhautsäcken in den Boden.

Tam se do půdy vsakuje zlatavý prach z pytlů z losí kůže.

Gras und alte Blätter haben das Gelb vor der Sonne verborgen.

Tráva a staré listí skryly žlutou barvu před sluncem.

Hier steht der Wolf still, denkt nach und erinnert sich.

Zde vlk mlčky stojí, přemýšlí a vzpomíná.

Er heult einmal – lang und traurig – bevor er sich zum Gehen umdreht.

Zavyje jednou – dlouze a truchlivě – než se otočí k odchodu.

Doch er ist nicht immer allein im Land der Kälte und des Schnees.

Přesto není v zemi chladu a sněhu vždycky sám.

Wenn lange Winternächte über die tiefer gelegenen Täler hereinbrechen.

Když se na dolní údolí snesou dlouhé zimní noci.

Wenn die Wölfe dem Wild durch Mondlicht und Frost folgen.

Když vlci pronásledují zvěř za měsíčního svitu a mrazu.

Dann rennt er mit großen, wilden Sprüngen an der Spitze des Rudels entlang.

Pak běží v čele smečky, skáče vysoko a divoce.

Seine Gestalt überragt die anderen, aus seiner Kehle erklingt Gesang.

Jeho postava se tyčí nad ostatními, v hrdle mu zní zpěv.

Es ist das Lied der jüngeren Welt, die Stimme des Rudels.

Je to píseň mladšího světa, hlas smečky.

Er singt, während er rennt – stark, frei und für immer wild.
Zpívá si, když běží – silný, svobodný a navždy divoký.